El Reino de Dios y su justicia

El derecho de la Iglesia

EDICIONES PALABRA
Madrid

© Nicolás Álvarez de las Asturias, 2024
© Ediciones Palabra, S.A., 2024
    Paseo de la Castellana 210 - 28046 MADRID (España)
    Telf. (34) 91 350 77 20 - (34) 91 350 77 39
    www.palabra.es
    palabra@palabra.es

Diseño de colección: Raúl Ostos - Miguel J. Tejero
ISBN: 978-84-1368-363-8
Depósito Legal: M-4161-2024
Impresión: Gohegraf, S.L.
Printed in Spain - Impreso en España
Con licencia eclesiástica

Nicolás Álvarez de las Asturias

El Reino de Dios y su justicia

El derecho de la Iglesia

Contenido

Contenido

Capítulo 3

UN DERECHO REALIZADO EN TRES PASOS:
CONOCER LO QUE ES JUSTO, DETERMINARLO,
DÁRSELO A QUIEN LE CORRESPONDE

PARTE II
CON GRANDES OBJETIVOS

Capítulo 4
RECONOCER Y GARANTIZAR DERECHOS

Capítulo 5
PROTEGER LOS GRANDES BIENES

Capítulo 6
HACERLOS ACCESIBLES

Capítulo 7
INTEGRAR LA ACCIÓN DEL ESPÍRITU SANTO

Capítulo 8
RESOLVER CONFLICTOS, CORREGIR Y GESTIONAR

PARTE III
COMO SAL Y COMO LUZ

Capítulo 9
DOS INSTITUCIONES AL SERVICIO DE LA PERSONA

Introducción

Año 2020. El Covid 19 se extiende desde China a Europa y, posteriormente, a otros continentes. Lo que en el primer mundo parecía resuelto se pone en crisis: ya no hay acceso garantizado al sistema sanitario y el bien fundamental de la salud queda completamente desprotegido. Bien del que nadie duda que sea esencial para todos. De hecho, cunde la consternación cuando se informa de que los médicos tendrán que decidir a quién ayudar primero. ¿No valen acaso lo mismo todas las vidas? En países cuyo proceso de secularización parecía imparable, y en los que legalizar la eutanasia parecía un progreso imprescindible, se comienza a luchar por salvar todas las vidas. También la de los más ancianos y vulnerables, a los que ahora se mira con agradecimiento por todo lo que hicieron por nosotros.

Y es que hacer accesible lo que resulta imprescindible para la vida constituye una tarea que, a veces, damos por descontado. Solo cuando deja de producirse nos damos cuenta de hasta qué punto era necesario. Algo parecido pasa con el derecho: en momentos de tranquilidad, nos sentimos inclinados a mirarlo como un conjunto de normas que complican excesivamente nuestra vida, que la obligan a discurrir por unos caminos no siempre apetecibles. Pero cuando el derecho deja de cumplir su función y la injusticia y la arbitrariedad campan a sus anchas, entonces lo que parecía obvio se convierte en una necesidad angustiosa.

El derecho, antes que otra cosa, es *reconocimiento, protección y accesibilidad.* Parte del hecho de que las personas, por serlo, nos situamos en el mundo y en la sociedad como sujetos que venimos ya con una serie de derechos propios. Y se encarga de protegerlos adecuadamente y de facilitar el acceso a cuanto resulte necesario para que puedan ejercerse convenientemente.

La Iglesia es una realidad sobrenatural, fruto de la redención operada por Cristo, que ha reunido en un único pueblo a los que, salvándolos, ha llamado a la santidad. Se comprende que nadie tiene «derecho» a ser salvado, pero, una vez incorporado por el bautismo a la comunidad cristiana, sí lo tiene a que se le reconozca su condición, se protejan los bienes que Cristo ha dejado como «alimento para el camino» y se le garantice el acceso debido a ellos. En definitiva, es nuestra experiencia habitual de cristianos: nos beneficiamos de la palabra de Dios y de los sacramentos, dando por supuesto que *ahí están*, que «alguien» se encargará de que me lleguen; por supuesto, tal y como Cristo los pensó.

Para que esto sea posible, existe desde el principio el derecho canónico. También este busca *reconocer, proteger* y *hacer accesibles* a todos los fieles los bienes de la salvación que Cristo nos ha ganado con su Sangre. Si comprendemos esto, habremos comprendido su importancia.

Y podremos asombrarnos del modo en que todo esto se logra en un grupo con más de mil millones de personas y con dos mil años de historia. Es lo que se busca explicar, muy brevemente, en este pequeño libro.

PARTE I
UNA DISCIPLINA HUMILDE

En comparación con las materias que buscan comprender el misterio de Dios y de su obra, el derecho canónico parece bien poca cosa; algo secundario. En comparación con el mandamiento del amor y la llamada a la santidad, la protección de la justicia es quedarse muy corto. Sin embargo, el derecho canónico apunta a la «salvación de las almas» como a su fin último. Se considera imprescindible, aunque no sea lo más importante. Como el balón de fútbol nunca osaría considerarse superior a los jugadores; pero sabe que, sin él, no hay partido.

Capítulo 1

¿Mal necesario o bien originario? Aclararse desde el principio

Mientras que el mal se tolera y se busca minimizar sus efectos, el bien se ama y se promueve. A la luz de esta afirmación que es fácil de compartir, ¿dónde debemos situar el derecho de la Iglesia? Sobre todo, si se trata de una Iglesia que se sabe fundada por Alguien que criticó con dureza el legalismo de los fariseos. Y que contó como uno de sus primeros propagadores a Pablo de Tarso, feroz en su contraposición entre la «ley» y el «espíritu».

En efecto, todos comprendemos que alguna norma tiene que haber. Mil millones de afiliados en la actualidad y dos mil años de permanencia exigen un mínimo de organización. Y eso desde el principio. Basta abrir el libro de los Hechos de los Apóstoles o leer algunas de las llamadas epístolas pastorales, para ver que la primera generación de cristianos tuvo que regular algunos aspectos de la vida eclesial. El interesado en la historia, con una rápida lectura de algún manual de «historia de las fuentes del derecho canónico», puede percibir cómo esas normas han ido creciendo y habitualmente perfeccionándose hasta el día de hoy (lo veremos a toda prisa en el siguiente capítulo). Crecimiento que podría resultar excesivo. ¿No sería mejor volver al tiempo de los primeros cristianos en que bastaban unas pocas normas organizativas pues todos buscaban conducirse «según el Espíritu»? Si se acepta esta descripción, nos encontramos ante un mal necesario. Y el deseo de una Iglesia más «evangélica» parece sinónimo de una Iglesia menos «jurídica».

> Desde esta perspectiva, el derecho se comprende así únicamente como un «conjunto de normas», necesario por la debilidad del hombre, pero solo tangencialmente relacionado con su salvación. Esta, siendo obra de Cristo y del Espíritu, tiende a la eliminación de las normas y la sustitución de la justicia por la caridad. Es la propuesta de todos los espiritualismos que han recorrido la historia de la Iglesia.

La perspectiva cambia si reflexionamos sobre el hecho de que Jesús fundó la Iglesia. Del mismo modo que Dios quiso salvar a los judíos haciéndoles parte de un pueblo, así la salvación obtenida por Cristo en su misterio pascual dio lugar al nuevo pueblo de Dios, la Iglesia. Sin embargo, la pertenencia a este pueblo no tiene que ver con el nacimiento, sino con un «nacer de nuevo» (cfr. *Jn* 3, 3), que se produce por el bautismo y que comporta una unión con Cristo que permite calificar a la Iglesia como su «Cuerpo» (cfr. *Col* 1, 18 y tantos otros pasajes de las cartas de san Pablo). Por ello, la Iglesia tiene una dimensión invisible –la de la gracia– y otra visible, que no se pueden separar. Tan verdadero es un aspecto como el otro. Por eso, se ha podido calificar a la Iglesia misma de «sacramento». Es decir, una realidad en la que lo invisible se opera a través de lo visible.

Es más. En la Iglesia, la salvación se opera a través de la predicación de la palabra de Dios y la celebración de los sacramentos. En la Palabra, transmitida en la Tradición y en la Sagrada Escritura y predicada y enseñada autorizadamente, encontramos al Dios verdadero. En los sacramentos, se nos confiere la gracia necesaria para permanecer unidos a Cristo, como el cuerpo a la Cabeza. En la medida en que estos grandes dones de Dios son concedidos por Él a sus fieles, estos tienen «derecho» a recibirlos y a recibirlos como son realmente. Para ello, el mismo Jesús estableció a los Apóstoles; y sus sucesores –la jerarquía eclesiástica– reciben a través del sacramento del orden la misión de custodiar y de hacer accesibles dichos bienes.

Si aceptamos esta visión, el derecho deja de ser un mal necesario para convertirse en un bien originario. Desde el mismo comienzo, la Iglesia tiene una constitutiva dimensión jurídica. Sus elementos visibles –palabra, sacramentos, comunión eclesial– son por ello *debidos* a los fieles, una vez que Dios gratuitamente se los ha concedido. Así, cuanto mejor se tutelen y se hagan accesibles, más fácil tendrá expedito el fiel su camino hacia la santidad.

> **El derecho es, antes que un conjunto de normas, «lo suyo». Aquello que, una vez concedido gratuitamente por Dios, corresponde a cada uno –se le debe en justicia– para que pueda alcanzar la salvación por el camino ordinario: alimentado por la predicación de la palabra de Dios y fortalecido por los sacramentos en la comunión de la Iglesia que garantiza su autenticidad. Por ello, el derecho canónico coopera a la salvación de las almas, en la medida en que tutela los grandes bienes de Dios y garantiza su acceso a aquellos para quienes fueron instituidos.**

Resumen

- El derecho canónico no puede reducirse a un conjunto de normas que crece conforme crece la complejidad de la Iglesia.

- El derecho canónico es una dimensión esencial de la vida de la Iglesia: considera sus elementos fundamentales –la palabra y los sacramentos– como lo justo que corresponde a cada uno por decisión gratuita de Dios.

- Jesús, al fundar la Iglesia, situó de modo diverso a los ministros ordenados y al resto de los fieles respecto a la palabra y los sacramentos: todos necesitan recibirlos, pero unos (los ministros), además, los dispensan. Se crea así una relación de justicia que pertenece a la naturaleza de la Iglesia.

Capítulo 2

¿Cualquier tiempo pasado fue mejor?: del año 40 al 2023

Al explicar en qué consiste el derecho canónico se ha podido ver que forma parte de la naturaleza de la Iglesia; es una dimensión de su vida en esta tierra y, por tanto, ha existido desde sus orígenes. Contar cómo se ha desarrollado a lo largo de los siglos no es tarea fácil. Para lograr cumplir su misión, garantizar la justicia en una sociedad de carácter sobrenatural como es la Iglesia, esta ha tenido que reconocer como voluntad de Cristo que la potestad de dar normas atañe a los obispos, sucesores de los Apóstoles, correspondiendo al papa, sucesor de Pedro, un papel del todo esencial. Ha debido, además, encontrar el modo de darlas a conocer y desarrollar una ciencia (el derecho canónico) y unos especialistas (los canonistas), que fueran capaces de explicarla y darle forma. Por si esto fuera poco, a lo largo de los siglos, los datos originarios provenientes de Jesús (derecho divino) han tenido que completarse con disposiciones diversas para lograr el mejor funcionamiento de una realidad cada vez más compleja (la Iglesia), pero con una misión esencial: la salvación de las almas. Se comprende que la *reforma*, para hacer más visible lo originario y adaptar lo mudable para un mejor cumplimiento de la misión recibida, haya estado siempre al orden del día en el derecho canónico.

En este capítulo, se presentarán las cuatro grandes edades por las que ha atravesado el derecho canónico, señalando las principales opciones de cada momento y las razones de fondo que las motivaron.

1. El derecho canónico antiguo (40-1140)

Los primeros cristianos comenzaron inmediatamente a expandir el evangelio. Por ello, el primer desafío que tuvieron que afrontar fue el de conservar la comunión entre comunidades que arraigaban en ámbitos muy diferentes y distantes entre sí. En este sentido, la sucesión apostólica y la constitución de las diferentes Iglesias bajo la presidencia de un obispo, asistido por sus presbíteros y diáconos, garantizó la continuidad de la forma de gobierno establecida por Cristo y la identificación de los responsables últimos de conservar el depósito de la fe y de resolver los distintos conflictos. No es, pues, de extrañar que desde muy pronto se dieran reuniones de obispos para resolver las primeras dificultades: estamos ante el nacimiento de los concilios. A la vez, y a pesar de las dificultades de una expansión en un ambiente con frecuencia hostil al cristianismo, el reconocimiento de la sucesión del papel de Pedro como obispo de Roma fue teniendo cada vez más consecuencias prácticas en la dirección de la Iglesia.

Con la libertad de la Iglesia a principios del siglo IV y la posterior adopción del cristianismo como religión del Imperio Romano, la organización pastoral de la Iglesia se consolidó y la posibilidad de afrontar los desafíos propios de cualquier institución mejoró. Comienzan en este momento los concilios ecuménicos (cuyas decisiones se consideraban vinculantes para toda la Iglesia) y las decretales pontificias: respuestas con decisiones vinculantes que emanaban los romanos pontífices para resolver las dudas suscitadas por los obispos.

Desde muy pronto se planteó el problema de cómo hacer conocer estas disposiciones, cómo conservarlas a lo largo del tiempo y cómo actualizarlas. Para las dos primeras cuestiones, cánones conciliares y decretales pontificias comenzaron a recogerse en colecciones canónicas, normalmente sin un programa concreto y sin posibilidad real para reunirlas todas. Para afrontar su actualización se recurrió tanto a la publicación de nuevas decretales como a la convocatoria de concilios y de sínodos particulares; también, en algunos momentos, a la falsificación (atribuyendo disposiciones a papas que no las habían dado).

El resultado de este sistema de acumulación de normas, emanadas en tiempos diversos y contextos diversos, fue la existencia de múltiples y diversas soluciones «legales» para el mismo caso. Por ello, la determinación de lo justo en cada caso no se encontraba en los documentos, sino que correspondía al pastor determinarlo, eligiendo la solución que mejor se ajustara a las circunstancias concretas de la cuestión que debía dirimir.

2. El derecho canónico clásico (1140-1565)

El planteamiento antiguo evolucionó durante la primera mitad del siglo XII debido a tres factores principales: el surgimiento del método escolástico, que aspiraba a eliminar las contradicciones de las disposiciones antiguas; la reforma gregoriana, que fortaleció la autoridad del papado sobre toda la Iglesia; y la aparición de las universidades.

El punto de partida de esta nueva época se sitúa en la composición del Decreto de Graciano (ca. 1140) en el que el autor ofrece una armonización de toda la disciplina antigua. Enseguida se convirtió en el libro de texto de las incipientes facultades de derecho canónico y sus comentadores pueden considerarse los primeros canonistas.

Por otra parte, el fortalecimiento de la autoridad pontificia supuso que los papas asumieran casi totalmente como tarea propia la promulgación de nuevas normas para afrontar los nuevos desafíos.

También asumieron la tarea de recogerlas en colecciones oficiales. Incluso, en ocasiones, declararon abrogados los textos legales que no estuvieran incluidos en estas nuevas colecciones. Así, el derecho canónico clásico fue eminentemente pontificio en su producción y en su compilación.

Sin embargo, la característica más sobresaliente del derecho canónico clásico es el papel concedido a los canonistas. La praxis habitual era que los papas, como modo de promulgar sus nuevas colecciones de leyes, las enviaran a las facultades de derecho canónico, para que los canonistas las comentaran, las integraran con el derecho antiguo (tal y como lo recogió Graciano) y construyeran una doctrina y unos mecanismos para que pudieran aplicarse. Así, durante esta época, el derecho canónico no se identificaba con la ley, sino que la ley era solo un aspecto de algo mucho más grande: el modo de lograr que la justicia se viviera en la Iglesia; y eso dependía no solo de los papas que legislaban, sino también de los canonistas que explicaban y encontraban soluciones prácticas y de los jueces que determinaban lo justo en cada caso concreto.

3. La modernidad jurídica (1565-1965)

La celebración del Concilio de Trento tras los distintos movimientos de reforma protestante, que rompieron la unidad de la Iglesia occidental, supuso un nuevo cambio de época, propiciado por tres factores: (I) una mayor centralización del gobierno de la Iglesia, como respuesta a la disgregación protestante (se hará visible con el incremento del control del papa y de la curia romana sobre muchos aspectos de la vida de la Iglesia); (II) un cambio en la filosofía del derecho por la que se acaba identificando «el derecho» con «la ley» y se explica la esencia de esta en relación con la voluntad del legislador (en vez de como «ordenación de la razón»); y (III) un cambio en la preocupación de la ciencia canónica, que considera en este momento prioritario encontrar un sistema adecuado de presentación de la legislación.

El resultado final de todo el camino de la modernidad jurídica fue la promulgación del primer *Código de Derecho Canónico* en 1917. Así, se asumía una forma de presentar todo el derecho de la Iglesia de un modo asequible y similar al que ya se había asumido por parte de muchos países occidentales. Se ponía además de manifiesto el origen de la legislación en la voluntad del legislador y se situaba la ley en el centro del derecho: al canonista le correspondía comentar el código, aclarando en cada caso qué es lo que el legislador había querido decir, dando por supuesta la relación de cada canon con la justicia y considerando la doctrina como algo meramente instrumental.

4. El derecho canónico actual (1965-)

La celebración del Concilio Vaticano II supuso una profunda renovación de la enseñanza acerca de la Iglesia que necesariamente afectó al derecho canónico. Desde el punto de vista institucional, la renovada visión de la doctrina sobre el episcopado permitió pensar en un menor centralismo, reconociendo más efectivamente el papel de los obispos como legisladores en sus Iglesias particulares y promoviéndose las conferencias episcopales, también con algunas competencias específicas. Además, la afirmación de la centralidad del bautismo supuso la confirmación del derecho de todos los fieles al apostolado y el reconocimiento del derecho de asociación para contribuir a la misión de la Iglesia.

El instrumento legislativo para traducir esta renovación eclesiológica ha seguido siendo el código. Para la Iglesia latina se promulgó en 1983 el nuevo Código de Derecho Canónico y, para las Iglesias orientales católicas, el Código de Cánones de las Iglesias Orientales en 1990.

Características de esta nueva época del derecho canónico, todavía en curso, están siendo, por una parte, un debilitamiento de la estabilidad de las leyes recogidas en los códigos que, de hecho, se ven sometidas a continuas reformas parciales, sobre todo en el pontificado de Francisco (2013-); y, por otra, la búsqueda de alternativas por parte de la ciencia canónica a la mera explicación de los códigos. En este campo sobresalen los estudios sobre la fundamentación del derecho canónico y los intentos de explicar esta ciencia a partir de un método sistemático, independiente de la técnica legislativa adoptada.

Resumen

- La división en épocas o edades de la historia del derecho canónico responde al criterio pedagógico de resaltar los cambios más sobresalientes, siempre dentro de una continuidad fundamental.

- El derecho canónico en el primer milenio se caracterizó por una primera consolidación institucional a partir de las disposiciones de Cristo y de los Apóstoles; por encomendar a los concilios y a los papas la resolución de los problemas; y por la aplicación de estas al caso concreto por parte de los pastores de la Iglesia. Las distintas soluciones se recogieron en colecciones canónicas.

- El derecho canónico clásico se puede distinguir por la armonización de los textos aparentemente contradictorios, el liderazgo de los papas en la producción de nuevas normas y la contribución de los canonistas a la creación de una auténtica ciencia canónica y a la resolución concreta de los casos.

- La modernidad jurídica se caracterizó por un mayor centralismo romano en el gobierno de la Iglesia, la identificación del derecho con la ley y la presentación de esta a través de un código de derecho canónico.

- La época actual, en cambio, tiende a un menor centralismo en la producción de normas, donde al mismo tiempo se da una continua reforma de las leyes (concretamente, del nuevo Código de Derecho Canónico), y unos intentos de la ciencia canónica por renovarse metodológicamente.

Capítulo 3

Un derecho realizado en tres pasos: conocer lo que es justo, determinarlo, dárselo a quien le corresponde

El derecho canónico se considera una ciencia práctica, porque no solo busca conocer qué es «lo suyo» en la Iglesia, sino que la justicia caracterice las relaciones que se dan en su interior. Por ello, su tarea puede compendiarse en los tres pasos que dan título al capítulo: conocerlo, determinarlo y aplicarlo.

1. Conocer los fundamentos: el misterio de la Iglesia

Casi todos los países occidentales han llegado a la convicción, a lo largo de los últimos dos siglos, de que la soberanía reside en el pueblo. Esto quiere decir que –salvando los derechos humanos fundamentales, que deben *reconocer*– el resto es fruto de sus propias decisiones. Por ello, siguiendo determinados pasos, pueden cambiar su constitución y todas sus leyes. El pasado, la historia, no necesariamente les condiciona.

La Iglesia, sin embargo, razona de un modo diverso. Se sabe ligada a lo que se llama la «voluntad fundacional de Cristo». En efecto, Jesús no solo fundó la Iglesia, sino que la creó de una manera determinada, con unas características propias, que quiso que permanecieran hasta el final de los siglos. Estas características y su misión –anunciar el Evangelio hasta los confines de la tierra y dispensar los medios de salvación– son elementos permanentes e insustituibles.

Así, la Iglesia como misterio de comunión y de misión es, junto a las disposiciones del derecho natural, el primer «lugar» donde encontrar «lo justo». Por voluntad de Cristo es «justo» que todos tengamos la misma llamada a la santidad y al apostolado, de lo que derivan unos derechos y deberes específicos. Pero también lo es que los que han recibido el sacramento del orden en sus distintos grados se sitúen ante los bienes de la palabra de Dios y de los sacramentos de modo diverso (todos los necesitan, pero unos, además, los imparten al resto). Y que el sucesor de Pedro tenga una responsabilidad y unas atribuciones diversas al resto de los obispos...

Dicha Iglesia es, además, consciente de ser guiada por el Espíritu Santo *hasta la verdad completa* (Jn 16, 13), por lo que a lo largo de la historia va identificando y precisando mejor el alcance de la voluntad de Cristo. En la actualidad la Iglesia se entiende a la luz de los documentos del Concilio Vaticano II y de su recepción por los papas posteriores. Allí es donde deben buscarse en primer lugar los elementos específicos del derecho eclesial.

Estos elementos han de ser conocidos con *certeza*, que es una de las características fundamentales del derecho. Por ello, aunque el derecho divino no necesita ser promulgado por ninguna ley humana, ni el magisterio de los papas ser «convertido» en norma disciplinar, lo habitual es que acaben dando lugar a leyes, para que así sean más fácilmente conocidos y observados. Es lo que se llama la «positivación» y la «formalización» del derecho divino. Por ejemplo, el derecho a contraer matrimonio puede reconocerse como derecho fundamental («positivación»), y regularse a través de normas que establezcan sus límites (capacidad), requisitos de ejercicio, forma de celebración, etc. («formalización»).

Pero conocer el derecho, lo que es justo en la Iglesia, no se reduce a conocer el derecho divino, mejor o peor «positivizado» y «formalizado». También hay que conocer todo aquello que la Iglesia regula para conservar la comunión y cumplir mejor su misión. Es el derecho positivo eclesiástico que, no pudiendo ir nunca contra el derecho divino, lo completa y desarrolla en cada momento histórico.

Como ya se ha señalado, en la actualidad, el derecho canónico se encuentra fundamentalmente recogido en dos códigos: el Código de derecho canónico (CIC), recoge las normas por las que se rige la Iglesia latina, y fue promulgado por san Juan Pablo II en 1983. El Código de cánones para las Iglesias Orientales (CCEO) recoge las normas comunes a las diversas Iglesias Orientales que forman parte de la Iglesia católica, y fue promulgado también por san Juan Pablo II en 1990. En este libro, cuando sea necesario citar algunos cánones, nos referiremos únicamente a los del código latino.

2. El mundo de las normas y su finalidad

Por voluntad de Jesús, corresponde a la jerarquía eclesiástica la labor de *declarar* (en el caso del derecho divino) o de *determinar* (en el caso del derecho positivo) qué es «lo justo» en la Iglesia. A ella, en efecto, se le ha confiado lo que se llama *potestad de régimen*, por la que pueden tanto emanar normas, como regular casos singulares o dictar sentencia. Estamos así ante una característica propia de la Iglesia: en ella no hay «separación de poderes», aunque se busque con frecuencia que los tres ámbitos de la potestad (legislativa, ejecutiva y judicial) sean ejercidos por personas diversas.

La Iglesia reconoce también fuerza de ley a la costumbre legítima, según las condiciones que ella misma ha establecido en los cánones 23-28, entre las que destaca la aprobación por parte del legislador. Corresponde al papa y/o al colegio episcopal la promulgación de leyes para toda la Iglesia. Al obispo y equiparados, para su diócesis o circunscripción. Estas no pueden ir contra el derecho divino y deben ser «racionales». Con ello quiere decirse que debe poder percibirse su relación con la justicia, no pudiendo ser únicamente expresión de una «voluntad de poder». La Iglesia siempre ha mantenido que las «leyes injustas no obligan».

A la vez, las normas humanas son siempre perfectibles. Por ello, la justicia de las leyes debe presuponerse, más aún en la Iglesia, aunque en ocasiones puedan verse como manifiestamente mejorables. La comunión, bien fundamental en la Iglesia, es también comunión en la disciplina. La desobediencia a la ley canónica es una actitud casi siempre dañina para la vida cristiana.

Propio del derecho canónico es la *epiqueya*, por la que en ocasiones una «ley justa» puede no serlo para una persona concreta en una situación concreta. Como lo propio del derecho es «lo justo» y no el «cumplimiento de la norma», en esos casos, se considera que la norma no obliga. Lógicamente la aplicación de la epiqueya exige una labor de discernimiento en la que será útil pedir consejo a una persona experimentada.

En otras ocasiones, la «ley justa» puede dejar de serlo por el cambio general de circunstancias en la sociedad que regula. O, simplemente, pueden descubrirse modos «más justos» de regular la misma realidad. Por eso, las normas positivas no son eternas y lo normal es que deban reformarse cuando transcurre un periodo largo de tiempo, o sencillamente se percibe que ya no cumplen adecuadamente su función.

> **Los dos Códigos de la Iglesia están siendo parcialmente reformados por el papa Francisco para adaptarlos mejor a las circunstancias actuales, en parte, diversas a las de 1983 y 1990. Concretamente, se ha reformado en profundidad el proceso de declaración de nulidad matrimonial, algunos aspectos de la vida consagrada y todo el derecho penal canónico.**

Finalmente, el contenido de la ley puede no ser del todo claro aunque, como hemos visto, la *certeza* es una característica esencial del derecho. Se comprende, pues, fácilmente la importancia que tiene la «interpretación» en el mundo jurídico. Esta corresponde ordinariamente a los canonistas (los «expertos» en derecho canónico) y deben realizarla según unas condiciones determinadas que se señalan en el canon 17 del CIC. En algunos casos, quien ha promulgado la ley, puede interpretarla «auténticamente». En el caso de las normas de derecho universal, el papa ha encomendado esta tarea al Dicasterio para los Textos Legislativos (cfr. canon 16).

3. *Ius dicere*: el mundo de lo concreto

Ordenar justamente la vida de la Iglesia (y de los fieles) para que cumpla su misión no exige únicamente que se den normas generales, sino también que los actos singulares que regulan situaciones concretas busquen la justicia. En el mundo secular es lo que corresponde a la potestad ejecutiva y, en términos generales, a la administración. Por lo que respecta a la Iglesia, el CIC ha hecho un esfuerzo por distinguir, en el ejercicio de la potestad de régimen, la función legislativa de la ejecutiva o administrativa, pero la confluencia en los mismos sujetos, a veces, lo hace difícil.

En la Iglesia existe la firme voluntad de observar el *principio de legalidad,* por el que las disposiciones generales o concretas de índole ejecutivo o administrativo son inválidas si atentan contra lo dispuesto en las leyes o en el derecho divino (cfr. canon 38). Si no se viviera, de forma que la Iglesia al determinar cuestiones concretas fuera en contra de sus propias leyes, estas se verían como mera voluntad de poder y no como reglas de justicia que obligan también a la autoridad.

Sin embargo, en este campo, el derecho canónico goza de una *flexibilidad* que desconoce el moderno derecho secular. En efecto, es propio de él afirmar que puede establecer excepciones razonables a leyes generales que, siendo justas, puede no ser conveniente que regulen la vida de una persona o de una comunidad concreta por causas de diversa índole (es el caso del *privilegio* o de la *dispensa*). También puede considerar razonable obligar a una persona o comunidad a algo que la ley general no obliga (es el caso del *precepto singular*). Por ejemplo, en el caso de una peregrinación que exige esfuerzo, la ley de la abstinencia de comer carne los viernes de Cuaresma puede ser razonablemente dispensada por la autoridad, en la medida en que el hecho mismo de la peregrinación reviste sentido penitencial.

Si los actos singulares son lo más específico de la función administrativa o ejecutiva, «dictar sentencia» es lo propio de la función judicial. Se trata de un modo eminente de declarar «lo justo», precisamente cuando se ha producido una controversia al respecto y ha tenido que ser resuelta. Si la ciencia canónica es esencialmente práctica, se comprende la importancia de esta función judicial, puesto que es la que actúa la justicia en casos concretos que afectan a la vida de las personas o de las comunidades cristianas.

Resumen

- La Iglesia *reconoce* lo justo tanto en el derecho natural como, de modo específico, en la voluntad fundacional de Cristo tal y como es conocida en cada momento histórico y enseñada por el magisterio de la Iglesia. Es lo que se denomina comúnmente como «derecho divino».

- Para preservar la comunión y afrontar más decididamente la misión encomendada, la Iglesia completa las disposiciones de Cristo con sus propias normas en cada momento histórico. Es el «derecho positivo eclesiástico», que no puede ir contra el derecho divino y que también debe ser observado.

- Los pastores de la Iglesia, por la *potestad de régimen*, pueden tanto emanar normas, como regular casos singulares y dictar sentencia. En la Iglesia no hay separación de poderes, pero su ejercicio suele encomendarse a personas diversas.

- Las leyes, por ser perfectibles, pueden y deben ser reformadas cuando las circunstancias lo requieran; por estar al servicio de la justicia, deben aplicarse con epiqueya.

- La justicia en el caso concreto se garantiza, bien por el recto ejercicio de la potestad ejecutiva, bien por la sentencia judicial que dirime una controversia.

PARTE II
CON GRANDES OBJETIVOS

El derecho en la Iglesia se propone grandes objetivos. Para su consecución, existen las normas y las instituciones de las que se habla en los códigos de la Iglesia, algunas de ellas provenientes del mismo Cristo, que son profundizadas y concretadas de un modo determinado en cada momento histórico; otras son fruto de la acción de los pastores, como modo de garantizar adecuadamente el cumplimiento de dichos objetivos.

Capítulo 4

Reconocer y garantizar derechos

«Hecho miembro de la Iglesia, el bautizado ya no se pertenece a sí mismo (*1 Co* 6, 19), sino al que murió y resucitó por nosotros (cfr. *2 Co* 5, 15). Por tanto, está llamado a someterse a los demás (*Ef* 5, 21; *1 Co* 16, 15-16), a servirles (cfr. *Jn* 13, 12-15) en la comunión de la Iglesia, y a ser "obediente y dócil" a los pastores de la Iglesia (*Hb* 13, 17) y a considerarlos con respeto y afecto (cfr. *1 Ts* 5, 12-13). Del mismo modo que el Bautismo es la fuente de responsabilidades y deberes, el bautizado goza también de derechos en el seno de la Iglesia: recibir los sacramentos, ser alimentado con la palabra de Dios y ser sostenido por los otros auxilios espirituales de la Iglesia (cfr. *LG* 37; *CIC* can. 208-223; *CCEO*, can. 675, 2)» *Catecismo de la Iglesia Católica*, 1269.

Si en último término los derechos fundamentales del hombre provienen de su ser creados a «imagen de Dios», el don de la adopción filial es el fundamento de los derechos de todos los fieles en el seno de la Iglesia. Reconocer y tutelar eficazmente esos derechos constituye la primera tarea del derecho canónico.

1. Derechos personales: igualdad y variedad

Si la común dignidad de todos los bautizados permite hablar de unos derechos y deberes comunes a todos en la Iglesia, otras dos realidades relevantes obligan a delinear también derechos y deberes fundamentales específicos para determinados grupos de bautizados. Dichas realidades relevantes son la recepción del orden sagrado o la profesión de los consejos evangélicos en un instituto de vida consagrada. Se comprende así que pueda hablarse de derechos y deberes de los fieles (de todos), y de aquellos específicos de los laicos, de los clérigos y de los consagrados.

1.1. Derechos fundamentales de todos los fieles

Hablar de igualdad de todos los bautizados significa que todos concurren igualmente a la santidad y todos cooperan a la finalidad propia de la Iglesia (la misión), disfrutando, también igualmente, de los bienes fundamentales de dicha Iglesia (la palabra de Dios y los sacramentos).

Los derechos y deberes fundamentales comunes a todos los fieles pueden esquematizarse del modo siguiente:

1. Derecho-deber de santificación personal (c. 210)

2. Derecho-deber de *comunión* con la Iglesia (c. 209), que se desglosa en los siguientes:

   a. De recibir e impartir educación cristiana (c. 217)

   b. De recibir los bienes espirituales (c. 213)

   c. De hacer apostolado (c. 211)

   d. Deber de obedecer a la jerarquía eclesiástica (c. 212)

   e. Deber de ayudar a la Iglesia en sus necesidades (c. 222)

3. Derechos de libertad y de autonomía de los fieles:

   a. Elección del propio estado, según la personal vocación (c. 219)

b. Asociación y reunión para el cumplimiento de algunos fines de la Iglesia (c. 215)

c. Libre opinión en las cuestiones no definidas magisterialmente (c. 212)

d. De recibir ayuda de la jerarquía y de asesorarla en el ámbito de la propia competencia (c. 212)

e. Investigación teológica (c. 218)

f. Elección del rito (c. 214)

g. A la propia espiritualidad (c. 214)

h. Iniciativa apostólica (c. 216)

i. Buena fama e intimidad (c. 220)

4. De tutela jurídica:

a. Derecho de defensa (c. 221)

b. Derecho de legalidad administrativa, penal y procesal (c. 221)

Muchos de estos derechos merecerían un comentario especial, pero en esta pequeña introducción no resulta posible. Sí resulta imprescindible responder a dos preguntas: ¿quién los tutela?, y, siendo fundamentales, ¿puede limitarse su ejercicio?

Parece claro que la respuesta a la primera pregunta es inicialmente fácil: corresponde *a todos*. En efecto, todos estamos llamados a contribuir a que en la Iglesia estos derechos se tutelen adecuadamente a través de nuestro propio modo de estar en ella. A la vez, tampoco resulta difícil comprender que una responsabilidad especial corresponde a la jerarquía eclesiástica, que debe procurar las medidas oportunas para que se garanticen.

En cuanto a la posibilidad de limitar su ejercicio, la respuesta es afirmativa en algunos casos. De entrada, el ejercicio de dichos derechos y deberes presupone el uso de razón. Además, para algunos de ellos puede exigirse una edad determinada (por ejemplo, para contraer matrimonio). En otras ocasiones, el ejercicio de un derecho limita volver a ejercerlo (cuando se recibe la ordenación sacerdotal resulta imposible contraer matrimonio posteriormente, si el papa no concede dispensa). Finalmente, los hechos delictivos comportan sanciones que pueden limitar el ejercicio de algún derecho (como el de enseñar, si se ha incurrido en algún delito contra la fe).

1.2. Laicos, clérigos y consagrados

a) En sentido propio, los *laicos* son aquellos fieles que han sido llamados a buscar la santidad y a cooperar con la misión de la Iglesia en medio de las realidades temporales. De ellos se dice que su condición propia es la índole secular. Se distinguen, pues, tanto de los clérigos (que al recibir la ordenación no pierden su condición secular, pero cooperan al bien de la Iglesia a través del ejercicio de su ministerio) como de los religiosos que, por su especial consagración a Dios –distinta de la bautismal–, asumen una misión eclesial propia, a través de la profesión de los consejos evangélicos y el seguimiento de su propio carisma.

Los derechos y deberes propios de los laicos, que se suman a los comunes a todos los fieles, pueden resumirse en los siguientes:

1. Derecho-deber de santificarse y de hacer apostolado en el ejercicio de sus tareas profesionales y sociales (c. 225)

2. En el caso de los casados, la edificación de la Iglesia viviendo su vocación matrimonial y sacando adelante su propia familia (c. 226)

3. A la propia opinión en los asuntos temporales, siempre que no sea contraria a cuestiones de fe y moral (c. 227)

4. Según la propia idoneidad, a colaborar con los Pastores en lo que se les solicite (c. 228)

5. Derecho-deber a la propia formación cristiana (c. 229)

Poner el acento en la índole secular del laico lleva a subrayar el carácter originario de su acción en la Iglesia, así como su personal autonomía. Lógicamente, esto no merma su derecho y deber de cooperar en la edificación de la Iglesia a través de aquellos encargos que reciban de los Pastores, pero los últimos papas han manifestado un empeño constante en evitar la *clericalización* del laico, animándole a tomar su responsabilidad en medio del mundo.

El laico coopera al bien de la Iglesia, a través de su inserción en una Iglesia particular, presidida por un obispo como su pastor propio y atendida pastoralmente por los presbíteros. A dicho obispo corresponde la promoción y tutela de los derechos de los laicos arriba señalados. La incorporación del laico a dicha Iglesia particular sucede habitualmente a través de su lugar de domicilio, puesto que la estructura jerárquica de la Iglesia ha adoptado fundamentalmente el principio territorial.

b) Los *ministros sagrados* o *clérigos* son aquellos que han recibido el sacramento del orden. Al obispo diocesano o al superior legítimo corresponde la tarea de verificar la idoneidad para recibir el sacramento del orden, que requiere vocación divina. Para ello, debe erigir un seminario, cuya estructura y plan de formación están cuidadosamente detallados en la actualidad en un documento aprobado por el papa Francisco en 2016.

Los clérigos entran a formar parte de una diócesis, circunscripción asimilada o instituto de vida consagrada, a través de la figura de la incardinación. De este modo queda definido tanto el vínculo jerárquico con un superior concreto como el responsable de garantizar sus derechos y de urgir el cumplimiento de sus deberes.

Los derechos y deberes propios de los clérigos, que se suman a los comunes de todos los fieles, pueden resumirse en los siguientes:

1. Derechos:

    a. A la formación permanente (c. 279)

b. A disfrutar de vacaciones (c. 283 §2)

c. A recibir oficios que requieran potestad de orden o de régimen (c. 274)

d. A su digna sustentación y a la asistencia social (c. 281)

e. Al uso del traje eclesiástico, tal y como determine la Conferencia Episcopal de cada país (c. 284)

2. Deberes:

a. Obediencia al Romano Pontífice y a su Obispo (c. 273)

b. Celibato (c. 277)

c. Fraternidad y cooperación sacerdotal (c. 275)

d. Abstenerse de todo aquello que desdiga del estado clerical (c. 278 §3)

El sacramento del orden es uno de los tres –junto al bautismo y la confirmación– que imprime carácter. Por ello, una vez recibido el sacramento, este permanece para siempre. Sin embargo, en atención a dificultades graves que pudieran ocurrir a lo largo de la vida sacerdotal, el papa puede dispensar del ejercicio del ministerio y de la obligación del celibato, así como sancionar penalmente con la expulsión del estado clerical a quien hubiera incurrido en un delito particularmente grave.

c) Por *consagrados* se entiende en derecho canónico a aquellos fieles que han profesado públicamente los consejos evangélicos mediante votos u otros vínculos públicos en un instituto aprobado por la Iglesia. Se trata de una denominación –*consagrado*– más amplia que la de *religioso* y que busca encontrar un denominador común entre los distintos desarrollos y evolución de lo que anteriormente se llamaba *vida religiosa*.

En el *Código de Derecho Canónico,* tras los derechos de los fieles y los propios de los laicos y de los clérigos, no aparecen los propios de los consagrados que, sin embargo, se tratan en la parte dedicada a la regulación de la vida consagrada. Antes de señalar cuáles son, vale la pena poner de manifiesto que la *consagración* en un instituto aprobado por la Iglesia, de hecho, determina, y en cierto modo limita, los derechos como fiel o como clérigo. También, poner de manifiesto que el carácter amplio de la noción de *vida consagrada* hace muy difícil señalar derechos y deberes comunes a todos.

En cualquier caso, pueden resumirse los derechos y deberes de los *consagrados* del modo siguiente:

1. Comunes a todos:
   a. Fidelidad a la propia vocación y deber de evitar lo que la ponga en peligro (c. 662)
   b. A seguir la propia tradición espiritual
   c. A observar las concreciones propias de la profesión de los consejos evangélicos (cc. 598-601 y 712)

2. En el caso de los religiosos y otros institutos asimilados:
   a. La necesidad de pedir licencia para aceptar cargos externos al Instituto (c. 671)
   b. Obligación de llevar el hábito propio del Instituto (c. 669)
   c. Observancia de la clausura, según el derecho propio (c. 667)

Análogamente a cuanto se ha dicho de los clérigos, el derecho canónico prevé tanto la formación requerida cuanto las sucesivas incorporaciones a los Institutos de Vida Consagrada. También, por causas graves, la dispensa de los votos y la salida del Instituto, así como la posible expulsión.

2. Derecho de asociación y acogida del don del Espíritu

La naturaleza social del hombre ha sido asumida por el plan de Dios, que lo salva haciéndole miembro de un pueblo. Esa sociabilidad del hombre y del cristiano se manifiesta en su capacidad de asociarse para realizar juntos los mismos fines. Esta es la base del derecho fundamental de asociación, que permite a los fieles cooperar a la misión de la Iglesia de modo conjunto. Corresponde, pues, a los fieles asociarse o no. En el caso de querer hacerlo, la normativa actual recoge dos posibilidades: constituirse en asociación *privada* o ser erigida en asociación *pública*. Mientras que, en el segundo caso, corresponde a la autoridad competente erigirla (el Obispo, si es de ámbito diocesano; la Conferencia Episcopal, si es de ámbito nacional; el Dicasterio de Laicos, Familia y Vida, si es de ámbito internacional), las privadas no requieren aprobación, a no ser que quieran que se les reconozca personalidad jurídica.

A la vez, el Espíritu Santo ha ido enriqueciendo la vida de la Iglesia con carismas que, concedidos inicialmente a una persona o grupo, han dado lugar a un modo estable de seguirlo *en* y *al servicio de* la Iglesia. La vida religiosa y las distintas formas de vida consagrada son expresión de la capacidad de asociarse para seguir un determinado carisma, dando lugar a una forma propia de vida y de apostolado.

Además, desde mediados del siglo pasado, la acción del Espíritu Santo ha abierto en la Iglesia nuevos modos de seguir a Cristo y de evangelizar que no son fácilmente encuadrables en la *vida consagrada*. Son lo que comúnmente llamamos *movimientos eclesiales*. Su novedad hace que su regulación canónica no se encuentre en ocasiones en el CIC y que, en muchos casos, se estén todavía explorando formas que se adecuen tanto a la naturaleza del carisma como a su modo de relacionarse con el conjunto de la comunidad cristiana. Esta problemática específica se afrontará en el capítulo 7.

El derecho de asociación tiene en la Iglesia, como en la sociedad civil, el límite del bien común. Por ello, corresponde a la Jerarquía eclesiástica ejercer una labor de vigilancia y control que se desarrolla tanto en el momento de la aprobación como a lo largo de toda la vida de la realidad asociativa.

En la medida en que nos encontramos ante un derecho fundamental, detrás del cual en muchas ocasiones se encuentra la acción del Espíritu Santo, la labor de discernimiento por parte de la Jerarquía debe entenderse en términos estrictos de garantizar el bien común de la Iglesia, nunca en términos de arbitraria limitación de los derechos de los fieles o de la misma acción divina.

Resumen

- La condición de hijo de Dios por el bautismo constituye al fiel en titular de derechos y deberes que la Iglesia reconoce y tutela.

- La recepción del sacramento del orden o la profesión de los consejos evangélicos en un instituto de vida consagrada permite hablar de tres tipos de derechos ulteriores provenientes de la posición asumida en la Iglesia: los de los laicos, los de los clérigos y los de los miembros de los institutos de vida consagrada.

- Un derecho particularmente relevante para la vida y misión de la Iglesia es el de asociación, bien para perseguir conjuntamente la consecución de una finalidad apostólica o formativa (a través de las asociaciones de fieles, que pueden ser públicas o privadas), bien para seguir un carisma aprobado por la Iglesia (en algún instituto de vida consagrada o, en la actualidad, en algún movimiento o «nueva realidad eclesial»).

- La tutela, promoción y, en algunas ocasiones, la limitación de ejercicio de los derechos fundamentales corresponde a los pastores de la Iglesia.

Capítulo 5
Proteger los grandes bienes

La Iglesia se sabe depositaria de los tesoros con los que su Señor le ha enriquecido: el conocimiento de Dios, comunicado en su palabra para que sea transmitida y enseñada; y la misma vida divina, comunicada a través de los siete sacramentos. Dichos tesoros sostienen y acompañan a la Iglesia hasta el fin de los tiempos y, por ello, esta los cuida y protege para que ni se adulteren, ni se dificulte el encuentro de los fieles con Dios.

1. Transmisión del mensaje

§1. La Iglesia, a la cual Cristo Nuestro Señor encomendó el depósito de la fe, para que, con la asistencia del Espíritu Santo, custodiase santamente la verdad revelada, profundizase en ella y la anunciase y expusiese fielmente, tiene el deber y el derecho originario, independiente de cualquier poder humano, de predicar el Evangelio a todas las gentes, utilizando incluso sus propios medios de comunicación social

§2. Compete siempre y en todo lugar a la Iglesia proclamar los principios morales, incluso los referentes al orden social, así como dar su juicio sobre cualesquiera asuntos humanos, en la medida en que lo exijan los derechos fundamentales de la persona humana o la salvación de las almas.

CIC, c. 747

El canon con el que comienza este apartado es con el que inicia el CIC la regulación de la función de enseñar, de la que se afirman inicialmente tres grandes verdades:

1. Que enseñar y transmitir la fe es un derecho fundamental de toda la Iglesia. Es decir, que forma parte de los derechos y deberes de los fieles, no solo de un grupo de ellos (los clérigos, por ejemplo) y que el poder político debe *reconocerlo* y no simplemente concederlo. Mientras que la primera afirmación se reconduce al ya referido derecho al apostolado, la segunda se basa en la Revelación, como explicaremos en el capítulo 9.

2. Que la enseñanza presupone una «objetividad» en su contenido, que se logra por la asistencia del Espíritu Santo, realizada de diversos modos y que vincula tanto a quien la imparte como a quien la recibe. Esta «objetividad» es la que permite hablar de una dimensión jurídica esencial de la palabra de Dios, como vimos en el capítulo 1.

3. Que la transmisión de la palabra de Dios se realiza por cauces diversos, que siguen sus propias reglas, precisadas por la autoridad. Concretamente, a través de la predicación, la catequesis, las distintas entidades educativas y los medios de comunicación social.

1.1. Dimensión objetiva

Mientras que con frecuencia decimos que «las palabras se las lleva el viento», la Escritura afirma que «la palabra de Dios permanece para siempre» (cfr. *1 P* 1, 25) y Jesús afirma que tienen la solidez de la roca (cfr. *Mt* 7, 24). Por ello conocerla es un bien inmenso para la propia vida, y transmitirla, el mejor servicio que se puede hacer a los demás. Nótese que se dice siempre «transmitirla», no «imponerla», pues iría en contra del derecho de cada hombre de llegar libremente a la verdad.

Ahora bien, como sucede con todos los bienes preciosos, la imitación o la adulteración siempre son posibles. Igual que hay joyas falsas, puede darse una interpretación falsa de la palabra de Dios. E igual que existen expertos que logran distinguir la obra de arte de la imitación, así el Espíritu Santo garantiza que siempre se pueda conocer la verdadera palabra de Dios. Lo hace, fundamentalmente, a través de su asistencia a los pastores de la Iglesia. En algunos casos concretos, incluso concediendo al romano pontífice y al colegio episcopal el carisma de la infalibilidad.

Tan unida está la acción de asistencia del Espíritu Santo a los pastores en la transmisión de la palabra de Dios, que su enseñanza al respecto obliga a los fieles de modo diverso:

1. Se debe creer como se creen las verdades directamente reveladas por Dios, aquellas que se propongan para ser así creídas por el magisterio del papa o del colegio episcopal. Es el caso de los dogmas de fe.

2. Se debe creer, en razón de la asistencia del Espíritu a la Iglesia, como algo definitivo aquello que el magisterio enuncie como tal. Es el caso de la reserva del acceso al sacerdocio solo a los varones o el carácter absolutamente indisoluble del matrimonio sacramental y consumado.

3. Se debe prestar «religioso obsequio» a las restantes enseñanzas de los pastores, recibiéndolas como una ayuda para la mejor comprensión de cuanto Dios ha querido revelarnos.

> **Todos tenemos derecho a que se nos enseñe la fe verdadera y a que se nos ahorren opiniones personales. La función del magisterio eclesiástico es una ayuda preciosa con la que el Espíritu Santo guía a su Iglesia. Por ello, no existe derecho a la «objeción de conciencia» respecto a las enseñanzas magisteriales en materia de fe o de moral, porque sería como tener derecho a cambiar el don de Dios (*Lámpara es tu palabra para mis pasos, luz en mi sendero*, dice el *Salmo 118*) por una imitación o una falsificación.**

Si función de la jerarquía es garantizar a través de su magisterio la transmisión adecuada de la palabra de Dios, también le corresponde censurar a quienes se han apartado de su enseñanza verdadera, para evitar la confusión de los restantes fieles y favorecer la enmienda del error. La *herejía*, como negación reiterada y consciente de una verdad revelada, no solo aparta de Dios a quien la profesa, sino que daña a toda la Iglesia.

Para la tarea de promover y conservar la pureza de la fe y señalar los errores en su transmisión, el papa cuenta con la ayuda del Dicasterio para la Doctrina de la Fe.

Un medio utilizado en muchas ocasiones para garantizar la recta transmisión de la fe es solicitar la emisión pública de la *profesión de fe* de la Iglesia antes de obtener un oficio que esté especialmente relacionado con la enseñanza o la pastoral.

Finalmente, se comprende que, al derecho del fiel de recibir auténticamente la palabra de Dios, que explica la existencia del magisterio eclesiástico, se corresponde un *deber* de formarse adecuadamente, para así «edificar su casa sobre roca», gozando de amplios márgenes de libertad en la elección del modo de formarse. Este deber de instruirse correctamente va más allá de la preparación inmediata a la recepción de algunos sacramentos. Cada cristiano debe, pues, preguntarse acerca de su modo de llevarlo a cabo, teniendo en cuenta sus circunstancias y las legítimas preferencias, dentro de la amplia oferta formativa que hoy presenta la Iglesia.

1.2. Modos de transmisión

El mandato de anunciar el Evangelio se desarrolla en la Iglesia a través de diversos medios. Algunos de ellos tienen origen en Cristo y los Apóstoles, como es el caso de la predicación y de la catequesis. Otros, como los referidos a la enseñanza, se basan en el derecho-deber a la educación que, teniendo en los padres sus primeros responsables, afecta también a la sociedad y a la Iglesia. Finalmente, los medios de comunicación constituyen un precioso instrumento al servicio de la transmisión de la fe.

a) La *predicación* constituye el medio principal por el que el hombre se encuentra con la palabra de Dios, siendo llamado a una profunda conversión. Al haber sido encomendada por Cristo de modo especial a los Apóstoles, se comprende que la Iglesia la haya considerado siempre parte esencial del ministerio jerárquico, sin excluir por ello la predicación de los laicos. Sí la excluye cuando la predicación se produce en el seno de una celebración litúrgica, caso en el que queda reservada al ministro ordenado.

La predicación de la palabra de Dios es un deber de los pastores de la Iglesia hacia los fieles que tienen encomendados. Por ello, la predicación del «pastor propio» es especialmente relevante: la del papa para toda la Iglesia, la del obispo para su diócesis o la del párroco para sus feligreses. Lógicamente, esta especial relevancia no impide que todo ministro ordenado pueda predicar en todas partes, a no ser que por causa justa se le limite el ejercicio de dicho ministerio.

b) La *catequesis* es la enseñanza orgánica de los contenidos de la fe, que busca, además, ayudar a la transformación del oyente en un auténtico cristiano. No es mera transmisión de contenidos, sino enseñanza que busca cambiar la vida. La instrucción catequética en orden a la incorporación a la Iglesia fue esencial en la Antigüedad, como lo es hoy la enseñanza en orden a conocer los dones y las exigencias del bautismo recibido. Dicha enseñanza, relacionada habitualmente con la preparación a la recepción de los otros sacramentos de la iniciación cristiana, constituye un derecho y un deber de la Iglesia, que corresponde a los pastores exigir y garantizar, tanto su existencia misma cuanto el contenido propio.

Siendo la jerarquía responsable de la existencia de la catequesis para todos los fieles, los laicos pueden desempeñar el oficio de catequistas, como una manera de participar en la función de enseñar de la Iglesia, que debe realizarse en estrecha colaboración con el responsable último, que es siempre un pastor (el papa, el obispo, el párroco). Se trata de una labor que requiere una formación debida y una vida cristiana coherente.

El CIC pide que los fieles laicos, si no se encuentran legítimamente impedidos, no rehúsen dar catequesis cuando se lo pida el párroco (cfr. c. 776). Se trata de una manera importantísima de colaborar en la edificación de la Iglesia.

c) La *enseñanza* es un derecho y un deber de los padres por el hecho de serlo. En la medida en que son padres cristianos, su derecho y deber es el de dar una educación profundamente cristiana. Se trata de un derecho cuyo reconocimiento deben exigir al poder político y por el que deben encontrar modos diversos de ejercerlo. Uno esencial, el de que se garantice una formación cristiana (de acuerdo con las convicciones de los padres) en las escuelas.

El derecho a una educación cristiana no se agota en el derecho a recibir formación religiosa –a tener garantizada la asignatura de religión–, sino que exige que la visión cristiana del hombre y del mundo empape todos los saberes. Por ello, muchas veces el mejor modo de garantizar este derecho es crear escuelas de inspiración cristiana, que es un derecho de los padres.

También la Iglesia puede erigir dichas escuelas, haciéndolas depender directamente de una institución religiosa, dando lugar a las escuelas «católicas». El origen en la iniciativa institucional y el mismo adjetivo «católico» obligan a una mayor implicación, en forma de tutela, vigilancia y control por parte de los pastores de estas instituciones educativas. Si se dieran circunstancias graves, los pastores podrían retirarles el calificativo de «católicas» para evitar la confusión de los fieles.

Como la educación no termina en la escuela, sino que muchas veces se prolonga en la universidad, también los fieles y la Iglesia como institución pueden promover la creación de universidades que transmitan la visión cristiana del hombre. No hay que olvidar que la institución universitaria surgió en la Edad Media en ámbito eclesiástico. También estas pueden recibir los adjetivos de «católicas», «pontificias» o «eclesiásticas», suponiendo la concesión de estos, una mayor implicación de los pastores de la Iglesia.

Por último, aunque la visión cristiana del hombre no se agota en la asignatura de religión ni en las ciencias sagradas (teología, filosofía, derecho canónico), es cierto que estas materias tocan más directamente los contenidos de la fe. Por ello, se comprende que los pastores estén más obligados a velar tanto por los contenidos como por la ejemplaridad de los docentes. El modo de cumplir esta obligación es a través de la «declaración eclesiástica de idoneidad» en el caso de los profesores de religión y del «mandato» o la *venia docendi*, en el caso de las ciencias sagradas bien en facultades civiles (mandato), bien en las eclesiásticas *(venia)*.

> **Exigir que se respete el contenido de la fe en la enseñanza de la religión o de la teología y que esta vaya acompañada de una vida no contraria públicamente a las enseñanzas de la Iglesia no daña la libertad de cátedra ni introduce un factor de discriminación a la hora de optar a un puesto de trabajo. Se trata de la verificación de unos requisitos de idoneidad connaturales a la «profesión» que se busca desempeñar.**

d) Los *medios de comunicación social* constituyen a la vez un instrumento y una ocasión evangelizadora. Mientras que la tarea de vivificar con espíritu cristiano dichos medios corresponde fundamentalmente a los laicos, incumbe a los Pastores vigilar para que cuanto se escribe sobre la fe, la transmita verdaderamente. Esta es la razón por la que se pide que los libros de temática religiosa no se publiquen sin la licencia concedida por la autoridad tras examen previo y por lo que la misma autoridad se reserva el permiso para la publicación de traducciones de la Biblia, catecismos, libros litúrgicos y libros de texto para la enseñanza de la religión.

1.3. *La misión* ad gentes

La extensión del evangelio hasta los confines de la tierra es uno de los cometidos fundamentales que Cristo dejó a la Iglesia. Se trata, por tanto, de una tarea en la que están implicados todos los fieles.

Se trata de una tarea que debe realizarse siempre respetando la libertad y cuidando atentamente la formación de quienes desean abrazar la fe. Lógicamente, no todos cooperan a la misión de igual modo. Por una parte, una especial labor de coordinación y aliento corresponde al romano pontífice y a los obispos. Por otra, el modo de cooperar a la misión *ad gentes* es diverso en las tierras de primera evangelización y en aquellas donde la Iglesia lleva siglos implantada. En las «viejas tierras cristianas» resulta esencial que se conserve el espíritu de colaboración a través de la oración, el fomento de vocaciones misioneras y la cooperación económica.

2. Transmisión de la vida divina

§1. La Iglesia cumple la función de santificar de modo peculiar a través de la sagrada liturgia, que con razón se considera como el ejercicio de la función sacerdotal de Jesucristo, en la cual se significa la santificación de los hombres por signos sensibles y se realiza según la manera propia a cada uno de ellos, al par que se ejerce íntegro el culto público a Dios por parte del Cuerpo místico de Jesucristo, es decir, la Cabeza y los miembros.

> **§2.** Este culto se tributa cuando se ofrece en nombre de la Iglesia por las personas legítimamente designadas y mediante actos aprobados por la autoridad de la Iglesia.
>
> **CIC, c. 834**

Los siete sacramentos son, por antonomasia, las grandes acciones por las que Dios mismo nos comunica su vida (la gracia es una participación en la vida divina). La Iglesia ha sido consciente desde los tiempos apostólicos de que su amor y fidelidad a Cristo se juegan, en primerísimo lugar, en el cuidado de los sacramentos. También de que su misión de unir a los hombres con Dios y entre sí solo es posible a través de estos mismos sacramentos, que son alimento y vida de los fieles y –hablando impropiamente– su principal arma evangelizadora.

En la medida en que Cristo ha instituido los siete sacramentos para edificación de la Iglesia, estos son *debidos* a todos los fieles. Por ello, los pastores de la Iglesia no pueden negar los sacramentos a quienes los pidan de modo oportuno y estén bien dispuestos. Pero son *debidos* no como un derecho absoluto y «amorfo», como si fuese un mero derecho de ser admitido a una serie de ritos y ceremonias. Se trata, más bien, del derecho de recibir los sacramentos tal y como Cristo los instituyó y para lo que Él los instituyó. Que pueden ser causa de condenación y no de salvación está claro desde los tiempos de san Pablo (cfr. *1 Co* 11, 29).

A la luz de estas breves consideraciones puede entenderse que las normas canónicas en relación con los sacramentos cumplen una función primordial a la hora de garantizar tanto la autenticidad de lo recibido como el modo legítimo de recibirlo. Son, según sus características propias, expresión de la fe de la Iglesia en cada uno de ellos. Sintetizando al máximo los principios generales, podría afirmarse:

1. Que las prescripciones contenidas en los libros litúrgicos tutelan tanto los aspectos sustanciales de cada sacramento como lo referido a su celebración de modo que exprese la fe de la Iglesia. El modo de celebrar cada sacramento no está en manos de la creatividad del ministro, sino determinado por la Iglesia. En algunos casos, la desobediencia a esas normas puede hacer *inválido* el sacramento; en otras ocasiones, *ilícito* (estaríamos ante un acto válido pero ilegal). Muchas de estas cuestiones no las trataremos aquí, puesto que tienen su lugar en los manuales de Sacramentos y de Liturgia.

2. Que la índole personal y comunitaria de los sacramentos (nunca son actos individuales) explica que corresponda a la autoridad de la Iglesia determinar el lugar de su celebración. Por ello, el templo, expresión visible del misterio de la Iglesia, es el lugar propio de la celebración de todos los sacramentos, salvo en casos de urgencia o verdadera necesidad. Un jardín, por bonito que sea, no es el lugar propio para un bautizo o un matrimonio. Al prohibirlo, no se busca poner las cosas difíciles a los católicos, sino ayudarles a no olvidar el sentido pleno de aquello que buscan celebrar.

3. Que para que la recepción del sacramento sea fructuosa, se requieren unas disposiciones adecuadas. Si exceptuamos los sacramentos del bautismo, de la penitencia y de la unción de enfermos (cuando se recibe inconsciente), el resto deben ser recibidos en gracia de Dios. De otro modo, se recibirá el sacramento, pero, en vez de cooperar al bien de la persona, le hará mal. No se puede hablar de un derecho a recibir un sacramento sin las debidas disposiciones. Otra cosa distinta es en qué ocasiones el ministro puede negar el acceso a un sacramento.

4. Finalmente, la celebración y recepción de los sacramentos presupone la comunión con la Iglesia. En la medida en que esta admite grados, las normas al respecto introducen matices. Por

ejemplo, mientras un sacerdote católico no puede concelebrar la eucaristía con ministros no católicos (aunque sean verdaderos sacerdotes, como en el caso de los ortodoxos), los fieles católicos pueden recibir, en caso de necesidad o cuando lo aconseje una verdadera necesidad espiritual, la eucaristía, la penitencia y la unción de sacerdotes ortodoxos (pero no de otras denominaciones cristianas, pues no tienen sacerdocio ministerial ni, por tanto, estos sacramentos). También los fieles cristianos no católicos pueden recibir de los sacerdotes católicos estos sacramentos, con tal de que tengan en ellos la misma fe que nosotros. Así, si un protestante quisiera comulgar, pero pensara que en la eucaristía no está Cristo realmente presente, sino que es solo un símbolo, no debería hacerlo (todo esto queda regulado en el canon 844 del CIC).

En la exposición de cada uno de los siete sacramentos seré particularmente breve. Este capítulo necesitaría leerse complementándolo con la lectura del manual *Aguas profundas* de esta colección.

2.1. Cuidar los inicios y el corazón de la Iglesia

La Iglesia ha considerado tradicionalmente que se llega a ser plenamente cristiano solo cuando se reciben los sacramentos del bautismo, de la confirmación y de la eucaristía. Por ello, a los adultos se les administran conjuntamente los tres sacramentos y las Iglesias Orientales también a los niños. En la Iglesia Latina, por razones de naturaleza pastoral, la celebración de los tres sacramentos se ha dilatado en el tiempo, alterando también el orden: generalmente se recibe antes la primera comunión que la confirmación.

En cualquier caso, la eucaristía no solo es sacramento de la iniciación cristiana, sino el mismo corazón de la Iglesia, de la que ella nace y se alimenta. Por ello, recibe una veneración especial y es, también, objeto de una regulación especial.

a) El *bautismo* es la puerta de ingreso a la Iglesia y al resto de los sacramentos. Basta ser humano para poder recibirlo. Al adulto se le pide una instrucción conveniente, para garantizar su libertad. A los niños, el compromiso de los padres de educarles en la fe.

La necesidad del bautismo para la salvación se traduce en que se facilita al máximo su recepción en caso de peligro de muerte: puede administrarlo incluso un no cristiano; y se debe administrar a los niños de padres no cristianos, incluso en contra de su voluntad, siempre que estén en peligro de muerte.

La praxis de bautizar a los niños pequeños es también una manifestación de la fe en la necesidad de este sacramento para la salvación. Los padres hacen bien en llevar a sus hijos pequeños a bautizar, aunque estos no sean conscientes de la gracia que reciben. Tampoco lo son del amor con que son cuidados y sin ese amor no podrían vivir.

> El bautismo de niños puede tener el «efecto secundario» no deseado de no crecer adecuadamente en el conocimiento y vivencia de la fe recibida. Para intentar evitarlo, la Iglesia pide al menos a uno de los padres el compromiso en la educación cristiana del niño. Y, además, pide que se elijan un padrino y una madrina que ayuden e incluso suplan a los padres en esta tarea. Elegir a los padrinos como un modo de reconocimiento social o de amistad es privar al niño de una ayuda tal vez imprescindible. Por ello, los criterios que la Iglesia pide para ser padrino deben verse como un modo de facilitar que puedan cumplir su función.

Una cuestión de gran relevancia práctica es que el bautismo debe anotarse en la parroquia en que se celebró. Ese documento, en el que consta tanto los datos del bautizado como el de sus padres y padrinos, es como el DNI del católico, en el que a lo largo de su vida se irán anotando todos los datos relevantes: confirmación, matrimonio... Por ello, la *partida de bautismo* se solicita cada vez que el católico realiza un acto importante en su vida cristiana. Y por eso las copias que se solicitan tienen «fecha de caducidad» (seis meses). Es la manera de garantizar que no se presente una copia no debidamente actualizada. De ahí la importancia de recordar siempre en qué parroquia fuimos bautizados, puesto que allí se custodia dicha partida.

b) El sacramento de la *confirmación*, al formar parte de la iniciación cristiana, debe recibirlo todo cristiano; como imprime carácter, no se puede reiterar. Ordinariamente, se considera necesario para la recepción del sacramento del matrimonio. Sin embargo, no es requisito esencial y depende de la prudencia pastoral de los obispos obligar a ello o no en sus diócesis.

La disciplina actual de la Iglesia Latina sitúa la edad de la confirmación en la llamada «edad de discreción», es decir, en torno a los catorce años. Sin embargo, se trata de una edad que ha oscilado mucho en los últimos años, por el deseo de aprovecharlo como ocasión para dar una buena formación a los jóvenes. Esto puede deslizar al error de pensar que en la confirmación es el cristiano quien «confirma» su fe, cuando en realidad, lo importante es la acción del Espíritu Santo que «confirma» con una nueva unción el sello bautismal, preparando al cristiano para ser testigo valiente de Cristo. Por ello, se entiende que, en la actualidad, siguiendo las reflexiones de Benedicto XVI, en algunas partes se esté buscando anticipar la edad para recibir este sacramento, con la certeza de que la gracia que se recibe será muy útil para el proceso de maduración en la fe de los jóvenes.

En cualquier caso, considerar el sacramento de la confirmación «prescindible» para el crecimiento en la vida cristiana es un error tremendo. Por ello, siempre se está a tiempo de recibirlo y cada vez hay más medios de formación para preparar a los adultos a ello.

c) La *eucaristía* es, como decíamos al inicio de este apartado, el sacramento más importante. Basta, para percibir tanto su grandeza como su riqueza, leer el canon que introduce toda la normativa canónica al respecto, que es, a la vez, un precioso resumen de la doctrina eucarística:

> **El sacramento más augusto, en el que se contiene, se ofrece y se recibe al mismo Cristo Nuestro Señor, es la santísima Eucaristía, por la que la Iglesia vive y crece continuamente. El Sacrificio eucarístico, memorial de la muerte y resurrección del Señor, en el cual se perpetúa a lo largo de los siglos el Sacrificio de la cruz, es el culmen y la fuente de todo el culto y de toda la vida cristiana, por el que se significa y realiza la unidad del pueblo de Dios y se lleva a término la edificación del cuerpo de Cristo. Así pues, los demás sacramentos y todas las obras eclesiásticas de apostolado se unen estrechamente a la santísima Eucaristía y a ella se ordenan.**
>
> **CIC, c. 897**

Las disposiciones canónicas, que buscan tutelar y proteger este sacramento, pueden sintetizarse en tres grandes grupos:

1. *Disposiciones en torno a la comunión:* recibir la sagrada Comunión es un derecho de todos los bautizados. Solo quedan excluidos: (I) los niños que no hayan llegado al uso de razón y no la hayan recibido por primera vez tras haber sido convenientemente preparados; (II) aquellos que hayan incurrido en una pena canónica (como la excomunión) o perseveren obstinadamente en un pecado manifiestamente grave; a estos se les debe negar la comunión; (III) quienes tengan conciencia de pe-

cado mortal y no se hayan confesado previamente; estos deben abstenerse de acercarse a comulgar.

Para favorecer la conciencia de que los fieles reciben al mismo Dios, se impone el ayuno eucarístico una hora antes de comulgar y se establecen los modos en que se debe recibir la sagrada forma: en la boca o en la mano. En ambos casos, siempre con la debida reverencia. En casos excepcionales, la autoridad puede recomendar uno de los dos modos previstos, siendo una muestra de sentido eclesial acoger dicha recomendación (por ejemplo, el comulgar en la boca en celebraciones al aire libre cuando hace mucho viento, o comulgar en la mano, cuando puede haber riesgo de contagio).

Por último, para preservar la estrecha unión entre participación en el sacrificio de Cristo y recepción de la comunión, se establece que, solo si hay «causa justa», puede recibirse fuera de la misa. También que, si por alguna razón justa alguien asiste a dos misas en el día, puede comulgar en ambas.

2. *Disposiciones en torno a la celebración de la santa misa:* hay dos afirmaciones de carácter dogmático que el CIC considera necesario enunciar: (I) que solo los sacerdotes pueden celebrar la Eucaristía (esencialmente diversa a cualquier celebración de la Palabra, aunque se distribuya la comunión); y (II) que solo es válida la celebración con pan de trigo y vino, en la que se consagran ambas especies. De hecho, las hostias que se consagran para los celiacos contienen una cantidad ínfima de gluten, elemento necesario para que el pan de trigo lo sea verdaderamente; de otro modo, no habría verdadera consagración. Por ello, hasta que se pudieron preparar estas hostias con las debidas garantías, solo podían comulgar del cáliz.

3. *Disposiciones en torno a la custodia del Santísimo Sacramento en el sagrario:* profesando la Iglesia la fe en la presencia real de Cristo en las especies eucarísticas, se comprende que haya determina-

do cuidadosamente su custodia, con la doble finalidad de garantizar la comunión de los enfermos y de favorecer la adoración de todos los fieles. Las normas se refieren tanto a los lugares donde debe custodiarse (el CIC distingue en los templos en los que debe estar reservado de aquellos en los que puede estarlo, con licencia previa de la autoridad eclesiástica), como a lo que supone su custodia (celebración de la Eucaristía al menos dos veces por semana, apertura del templo al menos unas horas, existencia de un tabernáculo con las debidas garantías de seguridad y expresivo, por su calidad material, de la fe de la Iglesia). Lógicamente, se prohíbe la conservación de la Eucaristía en el propio domicilio o el traslado de las especies eucarísticas en viajes si no hay necesidades pastorales y, en este caso, siguiendo lo establecido por el obispo diocesano.

2.2. Perdonar y sanar

Como recuerda el *Catecismo de la Iglesia Católica* (nn. 1420-1421), la vida del cristiano en esta tierra está acechada por el pecado, que puede debilitar o hacer perder la gracia de Dios, y sometida a la debilidad corporal. Por ello, la obra de Cristo con los pecadores y los enfermos se continúa en la Iglesia a través de los sacramentos de la penitencia y de la unción de los enfermos. Son los llamados sacramentos de curación.

a) El sacramento de la *penitencia* es el medio ordinario para obtener el perdón de los pecados mortales cometidos después del bautismo. Por su naturaleza exige, por parte de quien lo recibe, tanto el arrepentimiento, como la acusación íntegra de los pecados mortales y el cumplimiento de la penitencia. Y, por parte de quien lo celebra, impartir la absolución tras haber verificado las disposiciones del penitente y haber procurado ayudarle a hacer una buena confesión. Después de este brevísimo resumen, se señalan las principales disposiciones con las que el derecho canónico busca garantizar su adecuada celebración para bien de los fieles:

1. La necesidad de la confesión de los pecados mortales explica el mandamiento de confesarlos al menos una vez al año y siempre que, habiéndose cometido, se desee comulgar. La necesidad de la acusación íntegra de los pecados mortales explica que este sacramento solo pueda recibirse ordinariamente bajo dos modalidades: o en una celebración personal o en una comunitaria, pero siempre con acusación de los pecados ante el sacerdote y absolución individual.

> **Las llamadas *absoluciones colectivas*, en las que se celebra el sacramento sin acusación individual de los pecados, solo pueden darse en situaciones muy extraordinarias y solo el obispo puede determinar que se den. Además, siempre exigen el propósito firme de confesar individualmente los pecados mortales allí perdonados lo antes posible. La utilización de estas absoluciones colectivas como medio pastoral habitual constituye un grave abuso que atenta, además, contra el derecho de los fieles de recibir los sacramentos según la voluntad de Cristo y de la Iglesia.**

2. El ministro del sacramento es el sacerdote, que debe gozar de la facultad para confesar, concedida por su obispo o superior legítimo. Se trata de un requisito que permite a la Iglesia verificar la idoneidad de los confesores para una tarea tan delicada. El sacerdote, que debe estar disponible para confesar, debe ayudar a los fieles a confesar todos sus pecados mortales y a arrepentirse de ellos. Para ello, puede preguntarles prudentemente. Solo en casos muy excepcionales, en los que se da una objetiva contradicción entre la vida del penitente y la doctrina de la Iglesia, el sacerdote debe negar la absolución. El sacerdote está ligado por el sigilo sacramental, no pudiendo revelar nada a nadie de la materia de confesión.

b) El sacramento de la *unción de los enfermos* lo reciben los bautizados que, habiendo llegado al uso de razón, comience su vida a estar en peligro por enfermedad o vejez. A ser posible, debe recibirse conscientemente. Para facilitar que nadie se quede sin esta ayuda, el sacerdote, que es el ministro del sacramento, puede bendecir el óleo con el que se unge al enfermo, aunque ordinariamente se deba utilizar el bendecido por el obispo.

2.3. Al servicio de la comunidad

El *Catecismo de la Iglesia Católica* presenta los sacramentos del orden sagrado y del matrimonio en relación con el servicio a la comunidad que desempeñan.

a) El sacramento del *orden*, instituido por Jesucristo para hacerle presente en la Iglesia como su cabeza y su pastor, es radicalmente *ministerial:* existe para el servicio de los demás fieles a través la predicación autorizada de la palabra de Dios, la celebración de los sacramentos, la guía de la comunidad y el servicio de la caridad. Por ello, el derecho de la Iglesia protege tanto la naturaleza de este sacramento como su esencial relación con el servicio de la comunidad cristiana.

1. La peculiar estructura del sacramento del orden, dividido en tres grados (episcopado, presbiterado y diaconado), permite establecer una distinción entre el episcopado y el presbiterado, por una parte, y el diaconado, por otra. Mientras los dos primeros reciben una peculiar configuración con Cristo sacer-

dote, los diáconos se ordenan para el servicio. Esta diferencia explica dos cuestiones de gran importancia: (I) que aunque la Iglesia tenga como verdad definitiva que el episcopado y el presbiterado estén reservados a los varones, pueda investigarse si sería posible la admisión de las mujeres al diaconado; y (II) que aunque la Iglesia latina considere el celibato un don importantísimo y máximamente conveniente para obispos y presbíteros, no lo considere del mismo modo para los que reciban el diaconado de modo permanente (es decir, sin voluntad de proceder después a la ordenación sacerdotal), que pueden estar casados.

2. La función de servicio a la comunidad cristiana que explica la existencia del sacerdocio ministerial se protege de tres maneras: (I) cuidando la formación de los candidatos al sacerdocio, estableciendo un itinerario formativo, unos requisitos de idoneidad y unos medios de verificación, antes de recibir el orden sagrado; (II) estableciendo la obligación jurídica de cumplir las obligaciones ministeriales respecto a los fieles que se les han confiado, a través del encargo pastoral recibido; y (III) sancionando con la suspensión e incluso con la dimisión del estado clerical a aquellos cuyos comportamientos revistan una especial gravedad.

b) El sacramento del *matrimonio* tiene su originalidad propia. Es la que se intenta expresar cuando se habla de «elevación a la condición de sacramento de la Nueva Alianza de una realidad previa». En efecto, había matrimonio antes de Cristo y, tal y como revela el libro del Génesis, el matrimonio (con sus propiedades y características propias) debe considerarse una vocación originaria, el camino habitual de realización del ser humano.

Esta peculiaridad del matrimonio queda protegida por el derecho canónico de cuatro maneras complementarias:

1. El carácter de vocación originaria supone la existencia de un derecho a contraer matrimonio que debe respetarse. Lógicamente, el derecho lo es a contraer matrimonio, no a algo que se le parezca. Por ello, no admitir al matrimonio a quienes no tienen capacidad o buscan algo distinto al matrimonio, no es negarles un derecho. Tampoco lo es exigir una mínima formación y establecer criterios para verificar la capacidad y la voluntad matrimonial de los que manifiestan el deseo de casarse. Al contrario: es la manera de ayudarles a celebrar de verdad un matrimonio.

2. El matrimonio es sacramento de la Nueva Alianza porque quienes lo contraen son bautizados. Al haber recibido la gracia de la adopción filial en el bautismo, todos sus actos son filiales. Dos bautizados no pueden casarse sin realizar un sacramento. Para que esto sea más evidente, la Iglesia obliga a los bautizados a casarse «por la Iglesia» (técnicamente, «observando la forma canónica»). Así, si dos bautizados quisieran casarse «civilmente», no se casarían en absoluto, pues no pueden contraer un matrimonio que no sea a la vez sacramento, y este no puede celebrarse si no es canónicamente.

3. Todo matrimonio se realiza por el consentimiento libremente manifestado por los cónyuges. Casarse es una decisión personal en la que la propia libertad no puede ser sustituida. A la vez, si algo afectara gravemente al consentimiento expresado (falta de libertad por miedo grave o violencia, incapacidad grave de naturaleza psicológica, etc.), no se produciría el vínculo matrimonial, es decir, sería nulo.

4. El matrimonio, por su propia naturaleza, es uno e indisoluble y tiene como finalidades la muta ayuda, la fidelidad y la generación y educación de los hijos. Si se excluyen algunas de sus propiedades esenciales o de sus fines, tampoco se daría un consentimiento verdaderamente matrimonial. Además, la gra-

cia del sacramento refuerza la indisolubilidad de modo absoluto. La Iglesia considera que un matrimonio entre bautizados que haya sido consumado es absolutamente indisoluble y lo considera como una verdad definitiva.

La indisolubilidad del matrimonio hace que el divorcio para volver a contraer matrimonio («atentar matrimonio» se dice técnicamente de modo significativo), sea gravemente inmoral. Cuestión distinta es que, en el momento de contraer matrimonio, se produjeran deficiencias que permitan declararlo nulo, pues ya se ha visto que el consentimiento puede estar afectado o alguno de los contrayentes puede no tener la capacidad suficiente para casarse. La declaración de nulidad no es un divorcio encubierto, sino la conclusión a la que llega la Iglesia tras un serio proceso sobre la situación real en el momento de la boda de los que la solicitaron.

Resumen

- La palabra de Dios y los siete sacramentos son los grandes bienes con los que Cristo ha enriquecido a su Iglesia, y su protección es tarea fundamental del derecho canónico.

- Anunciar y transmitir la palabra de Dios es un derecho de todos los fieles y ninguna autoridad se lo puede impedir. Es un derecho a transmitirla íntegra y por eso se exige la fidelidad a la interpretación autorizada que hace el magisterio eclesiástico y no puede hablarse de una «objeción de conciencia» a la enseñanza de los pastores de la Iglesia.

- El grado de adhesión a las enseñanzas del magisterio varía según la implicación del carisma de infalibilidad en la formulación de dichas enseñanzas: desde las verdades que deben creerse como de fe hasta las enseñanzas a las que simplemente debe prestarse obsequio, pasando por las que deben considerarse como definitivas.

- La Iglesia transmite la palabra de Dios principalmente a través de la predicación, la catequesis, la enseñanza y los medios de comunicación social.

- Por la importancia que tiene la transmisión de la fe, la Iglesia tiene el derecho tanto de fundar instituciones educativas de cualquier rango, como de verificar la idoneidad intelectual y moral de quienes enseñan los contenidos de la fe.

- Los siete sacramentos y, en general, todas las ceremonias litúrgicas deben celebrarse conforme a las disposiciones establecidas. El incumplimiento de tales normas, aparte de atentar contra el derecho de los fieles a recibirlos adecuadamente, a veces puede hacerlos ilícitos e incluso inválidos.

- Cada uno de los siete sacramentos tiene su propia regulación, reflejo de la fe de la Iglesia, sobre su modo, tiempo y lugar de celebración, así como sobre las disposiciones que debe tener el fiel para acercarse con fruto a recibirlo.

- Para la recepción fructuosa de todos los sacramentos, resulta importante una debida preparación. De ahí la estrecha relación que existe entre recepción de los sacramentos y catequesis o formación previa para recibirlos.

- El matrimonio, realidad originaria de la humanidad, es, también, sacramento de la Nueva Alianza, lo que explica tanto su riqueza como el cuidado con el que la iglesia regula su celebración y determina los requisitos para su validez.

- Los fracasos matrimoniales pueden deberse a un grave defecto en el momento de su celebración. En este caso, estamos ante un matrimonio nulo, cuya nulidad debe declararse tras un proceso canónico. Pero no siempre un matrimonio roto es nulo: si se celebró válidamente entre dos bautizados y fue consumado, es absolutamente indisoluble. Por eso, la Iglesia no acepta el divorcio.

Capítulo 6

Hacerlos accesibles

«Jesús ha constituido la Iglesia poniendo en su cumbre al colegio apostólico, en el que el apóstol Pedro es la "roca" (cfr. *Mt* 16, 18), aquel que debe "confirmar" a los hermanos en la fe (cfr. *Lc* 22, 32). Pero en esta Iglesia, como en una pirámide invertida, la cima se encuentra por debajo de la base. Por eso, quienes ejercen la autoridad se llaman "ministros": porque, según el significado originario de la palabra, son los más pequeños de todos. Cada obispo, sirviendo al Pueblo de Dios, llega a ser para la porción de la grey que le ha sido encomendada, *vicarius Christi*, vicario de Jesús, quien en la Última Cena se inclinó para lavar los pies de los apóstoles (cfr. *Jn* 13, 1-15). Y, en un horizonte semejante, el mismo Sucesor de Pedro es el *servus servorum Dei*».

Papa Francisco (17-10-2015)

Para que la salvación llegue a todos, Jesús fundó su Iglesia jerárquicamente estructurada. Por voluntad del mismo Jesús, corresponde fundamentalmente al ministerio de los obispos, en comunión con el papa y con la colaboración de los presbíteros y de los diáconos, garantizar la presencia viva de Cristo en medio de su pueblo, principalmente a través de la predicación de la palabra y la celebración de los sacramentos. A partir del episcopado, la Iglesia se estructura pastoralmente sin perder su esencial unidad, para lograr su finalidad última, que es la salvación de las almas.

Si en el capítulo anterior resultaba de lectura obligada *Aguas profundas*, para contextualizar adecuadamente este, no hay más remedio que releer *Una barca para el cielo*, de esta misma colección.

1. La autoridad de los que sirven

Para el cumplimiento de su misión, Jesús dio a sus apóstoles una autoridad, la *sacra potestas* (sagrada potestad) que transmitieron a sus sucesores los obispos. A la vez, del mismo modo que, de entre los apóstoles, Pedro recibió una misión singular de ser fundamento de unidad y de confirmar en la fe a los restantes apóstoles, igualmente su sucesor, el papa, tiene un papel diverso al del resto de los obispos: ser la cabeza del colegio episcopal y el principio y fundamento de la unidad de la Iglesia. Por ello, el Señor le ha concedido toda la potestad necesaria para cumplir un servicio tan esencial para todos.

En la Iglesia, a diferencia de las sociedades democráticas, la potestad no se recibe del pueblo, sino de Cristo a través de la recepción del sacramento del orden en grado episcopal y no existe la separación de poderes, siendo los obispos los titulares de la potestad legislativa, ejecutiva y judicial. Sí existe la distinción funcional. Mientras la función legislativa, generalmente, debe realizarse en primera persona, las funciones ejecutivas y judicial pueden ejercerse a través de oficios (cargos estables) que participan *vicariamente* de la potestad del obispo (o del papa). También para determinadas cuestiones, se puede *delegar* la potestad a personas determinadas para cuestiones específicas.

El ejercicio de la potestad a través de los oficios vicarios (vicario general, vicario judicial, vicarios episcopales) facilita una atención más eficaz y un ejercicio más justo de la función de gobierno, al permitir a quien tiene el encargo pastoral dejarse auxiliar por colaboradores con formación específica y tiempo disponible, a la vez que le permiten ocuparse personalmente de las cuestiones más relevantes. No es, pues, una burocratización de la vida de la Iglesia, sino el modo de lograr que cumpla más eficazmente su misión.

Aunque la potestad en la Iglesia está íntimamente ligada a la recepción del sacramento del orden en el grado episcopal y hay profundas razones teológicas para que quienes reciben oficios con potestad vicaria hayan recibido también el sacramento del orden en el grado del presbiterado, existen determinados oficios que comportan el ejercicio vicario de la potestad que, de hecho, son asumidos por laicos: es el caso de los jueces en los tribunales colegiales o de algunos cargos en la curia romana y en las curias diocesanas.

Por último, debe recordarse que el episcopado estructura la Iglesia en su doble dimensión universal y particular. En cuanto miembros del colegio episcopal, tienen la responsabilidad última sobre toda la Iglesia, bajo la autoridad del papa. Además, al recibir del papa la *misión canónica* para presidir una Iglesia particular, hacen posible que en ella se haga presente todo el misterio de la Iglesia.

1.1. La autoridad suprema de la Iglesia

Corresponde al papa y al colegio episcopal (el conjunto de todos los obispos en comunión con el papa y siempre bajo su autoridad) el supremo gobierno de la Iglesia. El papa puede realizarlo por sí mismo o con todo el colegio episcopal. El colegio episcopal no puede existir como tal sin su cabeza, que es el papa.

La potestad del papa es «ordinaria, suprema, plena, inmediata y universal» (c. 331) y la ejerce tanto sobre toda la Iglesia, como sobre cada una de las Iglesias particulares, sobre sus agrupaciones y sobre todos y cada uno de los fieles. Además, solo a él le corresponde determinar los modos concretos de ejercerla. Sus sentencias y decretos son inapelables y nadie puede juzgarlo.

> **La potestad dada por Cristo al papa está ordenada al bien de la Iglesia.** El papa no es un monarca absoluto, puesto que está sometido al derecho divino y a la voluntad fundacional de Jesús, por lo que no puede alterar su estructura fundamental. A lo largo de la historia, el modo en el que la ha ejercido y las funciones que ha asumido personalmente han evolucionado. Algunas son exclusivamente suyas, pero en la mayoría de los casos, el modo de ejercer el primado depende de la visión que los papas han tenido de su misión.

La importancia de la función del papa para la Iglesia explica que todo lo referido a su elección esté regulado al mínimo detalle: quién es el cuerpo electoral (los cardenales menores de ochenta años), la mayoría requerida (dos tercios), la necesidad de la aceptación por parte del elegido (que es lo que le constituye en papa) y la inmediata ordenación episcopal (en el caso extraordinario de que fuera elegido alguno que no lo estuviera). No están reguladas con igual detalle ni la renuncia ni el modo de actuar ante la eventualidad de que el papa se encontrara impedido para ejercer su ministerio por enfermedad grave o privación de libertad. Sí es firme el principio de no afrontar ninguna cuestión importante en tiempo de sede vacante (entre la muerte o renuncia del papa y la elección de su sucesor).

En el ejercicio de su misión, el papa se sirve de la curia romana, formada por distintos dicasterios a los que encomienda vicariamente el ejercicio de su potestad ejecutiva o judicial. También se sirve de los nuncios o legados pontificios, que le permiten conocer de primera mano la situación de las distintas Iglesias y mantener relaciones diplomáticas con los distintos estados. Por último, se sirve de la colaboración del colegio de cardenales, del consejo de los obispos y, más en general, de amplios sectores de la Iglesia, a través del Sínodo de los Obispos y de otras instituciones de carácter consultivo.

Por su parte, la reunión del concilio ecuménico es el modo habitual como el colegio episcopal ejerce la autoridad suprema; concilio que debe ser convocado, presidido, aprobado y promulgado por el papa. También ejerce su suprema potestad cada vez que el papa le pide una actuación colegial fuera de la convocatoria del concilio ecuménico.

1.2. La autoridad episcopal

Para el gobierno y edificación de la Iglesia particular que el papa le encomienda, el obispo goza de toda la potestad necesaria. Como una de sus funciones principales es garantizar la comunión con la Iglesia universal, el obispo debe cumplir las normas del derecho universal, aunque el papa puede reservarse o encomendar a otros (por ejemplo, a las conferencias episcopales) algunas cuestiones concretas.

Para el ejercicio de su potestad, el obispo debe contar también con colaboradores que, vicariamente, ejerzan su potestad ejecutiva (el vicario general y los vicarios episcopales) y su potestad judicial (el vicario judicial).

La elección y nombramiento de obispos corresponde al papa, normalmente a través del sistema de libre colación (el papa, tras haberse informado, nombra libremente), aunque también puede ser tras presentación por parte de quien tenga este derecho. A los setenta y cinco años debe presentar la renuncia, que el papa acepta cuando considera oportuno. También puede pedirles la renuncia antes o incluso cesarles de su oficio, pero deberían haberse verificado actuaciones de extrema gravedad.

2. Estructura pastoral

2.1. Las diócesis y las circunscripciones asimiladas

La Iglesia particular, en la que se hace presente el misterio de la Iglesia universal, se caracteriza por la presencia de un obispo con su clero, al que se le encomienda una porción del pueblo de Dios. Sin embargo, las circunstancias concretas en las que se desarrolla la vida de la Iglesia hacen que, en ocasiones, no se den todos los elementos para hablar propiamente de Iglesia particular, sino de agrupaciones que están en camino de serlo. Por ello, muchas de las disposiciones del derecho canónico son comunes a las diócesis (Iglesias particulares) y a otras agrupaciones que se le asimilan (prelatura territorial, abadía territorial, vicariato apostólico, prefectura apostólica). En adelante, me referiré solo a las diócesis.

El criterio habitual para determinar las diócesis es el territorial, pues permite garantizar la atención pastoral y el empeño misionero, sin que nadie quede ajeno a la misión de la Iglesia, pero no es el único. De hecho, otro criterio de enorme importancia es el rito, y se contempla la posibilidad de erigir diócesis personales por otros criterios.

2.2. Otras estructuras jerárquicas

El papa puede encomendar a un obispo o a alguien con potestad de naturaleza análoga, con la ayuda de un presbiterio, la atención pastoral de grupos de fieles con determinadas necesidades pastorales. Por su propia naturaleza, estas estructuras ni son ni están llamadas a ser Iglesias particulares. Por ello, sus fieles pertenecen también a la diócesis en la que residen y la potestad del que preside este tipo de estructuras debe armonizarse con la potestad del obispo diocesano. Figuras de este tipo son los ordinariatos castrenses y los ordinariatos para la atención pastoral de los fieles orientales en territorio latino.

2.3. La atención pastoral en la Iglesia particular

La atención pastoral de los fieles, razón última de la existencia de la jerarquía, exige la cooperación de los presbíteros con el ministerio episcopal. A ellos (a los presbíteros) se les encomienda la atención pastoral inmediata de los fieles, para que puedan tender a la santidad según su propia vocación.

La institución fundamental a través de la que se organiza la atención pastoral de los fieles y la evangelización es la parroquia. Se trata de un grupo de fieles, habitualmente determinados por el lugar de domicilio, encomendados a la atención pastoral de un sacerdote (el párroco) como su pastor propio. A este corresponde garantizar el acceso a los sacramentos y la formación de los fieles que le han sido confiados, y preocuparse de la evangelización de los no creyentes y la atención de los pobres. Pero, además, la parroquia es verdaderamente una comunidad eclesial, que no se explica única ni principalmente como un lugar donde los fieles *solo reciben*, sino que son *corresponsables* en la misión evangelizadora que se desarrolla en el propio lugar.

En efecto, aunque participar en las actividades parroquiales no es el cometido esencial de los laicos, sin embargo, su colaboración resulta imprescindible para que la parroquia sea la comunidad evangelizadora capaz de ofrecer a todos lo necesario para crecer como cristianos. Solo cuando la participación en la parroquia se convierte en el único ámbito de testimonio cristiano y se busca suplantar a los sacerdotes en sus propias tareas se puede hablar de esa patología que es la *clericalización* del laico.

Por otra parte, la atención pastoral que ofrece la Iglesia particular no se agota en las actividades parroquiales. Al ser la Iglesia particular expresión de la Iglesia universal, en ella están presentes los más variados carismas que, con su acción pastoral, enriquecen la pastoral diocesana y sirven, según su propio camino, a la edificación del pueblo cristiano. Sin embargo, a lo largo de los siglos se ha experimentado la complejidad de la coordinación, correspondiendo al derecho canónico establecer los medios para lograr la necesaria colaboración para bien de los fieles. La disciplina actual está inspirada en una visión positiva de lo que aportan los carismas y las distintas obras de apostolado, reconociendo al obispo la dirección última de la actividad pastoral de la diócesis, pidiendo a todos que acojan sus directrices comunes y estableciendo diversos medios concretos de colaboración en la atención pastoral de todos los fieles.

Resumen

- Jesús encomendó a Pedro y a los demás Apóstoles el gobierno de la Iglesia, y estos lo transmitieron a sus sucesores. Por eso, el Sucesor de Pedro y el colegio episcopal, siempre *con* y *bajo* el Sucesor de Pedro, son el sujeto de la potestad suprema de la Iglesia, que se les ha concedido para que sirvan a sus hermanos.

- La potestad de la que gozan los obispos es unitaria y comprende las funciones legislativa, ejecutiva y judicial, pudiendo hacer partícipe de alguna de sus dimensiones a algunos colaboradores, nombrándoles vicarios o delegándoles su potestad.

- Aunque el ejercicio de la potestad está vinculado a la recepción del sacramento del orden, el papa y los obispos, de hecho, hacen partícipes de su potestad a laicos en algunos casos.

- El papa tiene la potestad ordinaria, suprema, plena, inmediata y universal sobre toda la Iglesia. No es una potestad absoluta porque está limitada por el derecho divino y la estructura fundamental de la Iglesia. Su ejercicio ha variado a lo largo de la historia.

- En el ejercicio de su misión, el papa se sirve de la ayuda de la curia romana y de los legados pontificios o nuncios, así como del colegio de cardenales y del sínodo de los obispos.

- El obispo tiene en la diócesis toda la potestad necesaria para el cumplimiento de su misión. Como dicha misión tiene en la comunión eclesiástica un contenido fundamental, está obligado a promover y respetar la disciplina universal y a tomar algunas decisiones en el seno de la conferencia episcopal.

- La pastoral de la Iglesia se organiza siguiendo ordinariamente el criterio territorial. De este modo la Iglesia particular, caracterizada por una porción de pueblo encomendada a un obispo como su pastor propio asistido por su clero, se determina habitualmente por el territorio. En derecho canónico se les llama diócesis. Existen otras figuras equiparadas que no son propiamente iglesias particulares, sobre todo, en los territorios de misión.

- Se dan otras estructuras jerárquicas, en este caso, normalmente de carácter personal, que nunca serán Iglesias particulares y que responden a necesidades objetivas de atención a determinados grupos de fieles.

- La atención pastoral de los fieles de cada Iglesia particular se organiza a través de las parroquias, encomendadas a un presbítero (el párroco) como su pastor propio.

Capítulo 7

Integrar la acción del Espíritu Santo

El Concilio Vaticano II enseña que el Espíritu Santo «guía la Iglesia a toda la verdad (cfr. *Jn* 16, 13), la unifica en comunión y ministerio, la provee y gobierna con diversos dones jerárquicos y carismáticos y la embellece con sus frutos» (*Lumen Gentium*, 4). La historia, por su parte, es testigo de la verdad de esta afirmación: a lo largo de los siglos, el Espíritu ha suscitado muchos carismas que han dado lugar a muchos modos de vivir el evangelio y de seguir a Cristo en la Iglesia. El discernimiento de su autenticidad, la aprobación de su modo concreto de vivir y su correcta relación con el resto del cuerpo eclesial ha sido y es uno de los desafíos permanentes del derecho canónico. La experiencia pasada se encuentra fundamentalmente en la historia de la evolución y surgimiento de nuevas formas de vida consagrada. Desde el siglo XX, el desafío se ha ampliado por la aparición de nuevos carismas que no se encuadran en la vida consagrada, sino en la plena vivencia de la vocación bautismal. Para distinguirlos de la vida consagrada se les llama habitualmente «nuevos movimientos eclesiales». La cuestión central es su origen carismático y, por tanto, una vez discernida su autenticidad, la necesidad de que su configuración canónica garantice del mejor modo posible su fidelidad al don recibido, como su modo propio de contribuir a la misión de la Iglesia. Por la importancia del tema, la Iglesia ha profundizado recientemente en la doctrina conciliar en la carta *Iuvenescit Ecclesia* de 2016. En este capítulo, se presentan los instrumentos de los que se sirve el derecho canónico para realizar la integración de los carismas en el ordenamiento canónico.

1. Discernir el carisma: la figura de la aprobación

La determinación de si un nuevo modo de vivir el evangelio responde a una iniciativa del Espíritu Santo o a un simple querer humano, corresponde a los pastores de la Iglesia. Normalmente, en un primer momento, al obispo del lugar de nacimiento del carisma. Se comprende fácilmente que entre el surgimiento del carisma y la primera toma de posición de la Iglesia transcurra un periodo de tiempo. Al menos, el suficiente para que se extienda entre un cierto número de seguidores que se empeñen en vivirlo como modo de respuesta a Dios.

Además, por un motivo elemental de prudencia, el primer juicio de la Iglesia sobre la autenticidad del carisma suele traducirse en una aprobación para vivir asociadamente los fines que se persiguen. Esta primera aprobación suele buscar también una primera definición de los contenidos específicos del carisma y permitir su desarrollo inicial a través de un reconocimiento de su carácter social (es decir, de su posibilidad de ser vivido por varios constituyendo una nueva realidad). Lo habitual es que en este primer paso la «figura jurídica» no refleje las características propias del carisma; lo único que se busca es que pueda empezar a vivirse comunitariamente. Se comprende, pues, que el primer paso habitualmente sea recibir una aprobación como asociación de fieles (privada o pública).

La prudencia mencionada a la hora de aprobar nuevos caminos explica, por ejemplo, la modificación del canon 579, para impedir que el obispo diocesano pueda aprobar sin permiso de la Santa Sede una nueva realidad como instituto de vida consagrada. De este modo, se consolida la praxis de un comienzo con «lo mínimo» para vivir comunitariamente el carisma.

2. Reflejar el carisma: figuras jurídicas y derecho propio

El paso del tiempo, el crecimiento de la nueva realidad y, por supuesto, la conciencia del iniciador del nuevo carisma suelen ofrecer elementos suficientes para comprender si estamos ante una nueva forma de vivir que se asimila a otras ya existentes o si la nueva forma de vivir exige pensar en nuevas figuras jurídicas que reflejen y protejan su realidad específica. En el primero de los casos, tras verificar cuidadosamente que se dan las condiciones, se procede a erigir el nuevo carisma según la figura ya existente. En el segundo de los casos, el proceso puede resultar más largo y será necesario encontrar nuevos caminos.

En cualquier caso, una vez verificada por los pastores de la Iglesia la autenticidad del carisma, encontrar la manera de expresarlo del mejor modo posible desde el punto de vista canónico constituye una tarea esencial para todos. A lo largo de la historia, como fruto de esta tarea de acoger adecuadamente los dones del Espíritu, la regulación de la vida consagrada se ha enriquecido con muchas figuras diversas, que se han abierto paso no sin grandes dificultades. En tiempos más recientes, el surgimiento de carismas que no se reconocen en el amplio camino de la vida consagrada, sino en modos concretos de vivir la vocación bautismal, está suponiendo un desafío notable para la ciencia canónica y para los pastores de la Iglesia, en su labor de acoger y custodiar los nuevos carismas.

Concretamente, lá carta *Iuvenescit Ecclesia,* dedicada a la relación entre los dones jerárquicos y carismáticos, enumera las distintas figuras con las que la Iglesia está aprobando los nuevos carismas, precisamente para tutelar su especificidad: «la forma jurídica más simple para el reconocimiento de las realidades eclesiales de naturaleza carismática es la de la Asociación de fieles. Sin embargo, es bueno considerar atentamente también las otras formas jurídicas con sus propias características específicas, como, por ejemplo, las Asociaciones públicas de fieles, las Asociaciones clericales de fieles, los Institutos de vida consagrada, las Sociedades de Vida apostólica y las Prelaturas personales» (*Iuvenescit Ecclesia*, 16).

Este momento, en el que se produce una aprobación tendencialmente definitiva, porque el carisma se reconoce adecuadamente expresado y tutelado en la figura jurídica recibida, lo es también de plasmación adecuada de su especificidad en la regla, constituciones o estatutos de la nueva institución.

Finalmente, como señala el mismo documento, el modo de afrontar las dificultades derivadas del camino jurídico del nuevo carisma constituye uno de los criterios fundamentales para probar su autenticidad, pues la fidelidad y la comunión con los pastores es siempre un requisito esencial para la vida de la Iglesia.

«Dado que el don carismático puede poseer "una cierta carga de genuina novedad en la vida espiritual de la Iglesia, así como de peculiar efectividad, que puede resultar tal vez incómoda", un criterio de autenticidad se manifiesta en "la humildad en sobrellevar los contratiempos. La exacta ecuación entre carisma genuino, perspectiva de novedad y sufrimiento interior supone una conexión constante entre carisma y cruz". El nacimiento de eventuales tensiones exige de parte de todos la praxis de una caridad más grande, con vistas a una comunión y a una unidad eclesial siempre más profunda» (*Iuvenescit Ecclesia, 18 f*).

3. Integrar el carisma: la regulación de las relaciones intraeclesiales

Quizá simplificando un poco, se puede decir que los carismas se relacionan con la Iglesia como la parte con el todo. Por ello, otra importante tarea que corresponde al derecho canónico es la de determinar el modo justo de situar la vivencia de cada carisma en el interior de la Iglesia. Lógicamente, los detalles más concretos dependen, en último término, de la originalidad de cada carisma, pero pueden darse, y en la legislación vigente se encuentran, unas pautas comunes.

1º La comunión con la Iglesia universal y particular se manifiesta en la necesidad de salvaguardar la misión que corresponde tanto al Romano Pontífice como al obispo diocesano como principios y fundamentos visibles de unidad. Concretamente, se reconoce al obispo un derecho de vigilancia. A la vez, corresponde al obispo velar por la «justa autonomía» de la que gozan, según su propio derecho, los distintos carismas, debiendo respetarla como un bien eclesial.

2º La coordinación y las directrices pastorales para la evangelización en la Iglesia particular corresponden al obispo. Por ello, en todo lo que se refiera a la pastoral diocesana, los distintos carismas están llamados a seguir fielmente las indicaciones del pastor de la diócesis.

3º Por lo que respecta a los laicos, el obispo sigue siendo su ordinario propio, independientemente de los compromisos que asuman al entrar a formar parte de una realidad de tipo carismático.

Resumen

- La contribución del derecho canónico a la inserción de los nuevos carismas en la vida de la Iglesia se desarrolla de tres modos principales: a través de la figura de la aprobación, como modo de declarar la autenticidad del carisma; a través del proceso de determinación de la figura canónica más conveniente para custodiar la especificidad del carisma; y regulando las relaciones con la iglesia particular y el resto de los carismas.

- La regulación canónica de los carismas ha exigido siempre al derecho canónico una gran creatividad, lo que explica el carácter trabajoso de encontrar una solución satisfactoria en los primeros momentos y la cautela con la que generalmente procede la jerarquía eclesiástica.

- La certeza de que el Espíritu sigue enriqueciendo a su Iglesia es una fuerte llamada a la ciencia canónica y los pastores para encontrar caminos que permitan acoger adecuadamente esa novedad y así contribuir a su mejor integración y cumplimiento de su misión eclesial.

Capítulo 8

Resolver conflictos, corregir y gestionar

La composición de la Iglesia por personas en camino de santidad, pero todavía en combate contra el pecado, implica la existencia de conflictos y la necesidad de resolverlos. El desempeño de la misión encomendada exige la posesión y el uso de bienes materiales, cuya finalidad y utilización debe ser también protegida y regulada.

En este capítulo se presentan brevísimamente tres ramas del derecho canónico, esenciales para el desarrollo de la misión de la Iglesia en el mundo: el derecho procesal, el penal y el patrimonial.

1. Resolver conflictos: el derecho procesal canónico

1.1. Características del proceso canónico

Determinar «lo justo» en el caso concreto y, si fuere necesario, restituirlo a quien le corresponde es la función de todo proceso canónico. Por ello, el proceso parte de una duda real sobre «lo justo», que lleva a posiciones diversas y enfrentadas (el contradictorio entre las partes), que debe ser resuelto por la autoridad competente (el juez). Para resolver el contradictorio, el juez debe tener certeza moral de lo que decide. Para ello, debe poner todos los medios a su alcance (inquirir): tomar declaración a las partes y a los testigos, analizar las pruebas presentadas, etc. Las partes litigantes tienen derecho a ser asistidos por profesionales (abogados) que les ayuden a defender convincentemente los que creen ser sus derechos. También tienen derecho a apelar a otro tribunal si consideran que la sentencia del juez ha sido injusta.

Como se ve, en el centro del proceso se encuentra el empeño de garantizar que la decisión del juez se base en la realidad de los hechos y en atención al derecho aplicable. Pero también que se resuelva el caso. Por ello, ordinariamente solo cabe una apelación y dos sentencias en el mismo sentido, se consideran definitivas («cosa juzgada»). De otro modo, nunca se llegaría a una solución en los conflictos.

> **En los procesos canónicos en los que está en juego directamente el bien de las almas incluso las sentencias definitivas (dos en el mismo sentido) pueden ser apeladas bajo determinadas condiciones (la llamada «nueva proposición de la causa», regulada en el c. 1644). Es el caso, por ejemplo, de las causas de nulidad matrimonial.**

Ya se ha explicado que en la Iglesia la potestad es una. Por ello, el oficio de juez corresponde originariamente al papa y al obispo. Estos, ordinariamente, ejercen su potestad judicial a través de los tribunales que erigen. Los tribunales pontificios son la Signatura Apostólica, la Rota Romana y la Penitenciaría Apostólica. Además, para garantizar un ordenado sistema de apelación, también ordinariamente, las decisiones de los tribunales diocesanos se apelan ante los tribunales metropolitanos (del arzobispo) y las de los tribunales metropolitanos, ante la Rota Romana.

El criterio de individuación de juez competente es, por tanto, similar al de individuación del pastor propio. Normalmente, a través del lugar de domicilio de una de las partes, aunque se admiten otros supuestos.

1.2. *Los procesos de nulidad matrimonial*

Los procesos de nulidad matrimonial, que ciertamente afectan a la vida de las personas de modo muy directo, tienen algunas características propias. La primera de ellas es que, si el matrimonio es indisoluble desde su origen en el designio de Dios, entonces la naturaleza del proceso matrimonial canónico es únicamente *declarativa*. Esto quiere decir que los tribunales eclesiásticos no disuelven ni «anulan» un matrimonio, sino que declaran si este matrimonio existió o no.

Esta función se realiza siempre sobre la base de dos postulados básicos: que se puede conocer verdaderamente si existió o no el matrimonio y que fracaso matrimonial no es sinónimo de matrimonio inexistente. Si cualquiera de esos dos postulados fuera falso, el proceso carecería de sentido. En el caso del primero, por imposibilidad de llegar a nada; en el segundo, porque se convertiría en algo superfluo (para constatar un fracaso no hace falta un proceso).

La segunda característica específica es la conveniencia de que el juez (ordinariamente las causas matrimoniales las juzgan tribunales colegiales de tres jueces) sea asistido por alguien que «tome parte» por la existencia del matrimonio. En efecto, no es infrecuente que ambas partes estén convencidas de la nulidad de su matrimonio y, sin culpa alguna, presenten los hechos de un modo parcial. Se explica así la presencia del Defensor de Vínculo, que tiene la función de defender la posible existencia de un vínculo bendecido por Dios

La excesiva lentitud con que se conducían los procesos matrimoniales explica la reforma que ha realizado el papa Francisco, simplificándolos notablemente. Así, desde hace unos años, al proceso ordinario y al documental, se le ha sumado otro simplificado ante el obispo para los casos en los que la nulidad del matrimonio se pueda percibir con mayor facilidad.

1.3. Otros procesos y recursos

Aparte del proceso ordinario (técnicamente llamado «contencioso») y de los procesos simplificados para las causas matrimoniales (el proceso «más breve» y el proceso documental), existen en la Iglesia otros procesos, que tienen que ver no con los conflictos entre personas, sino entre personas (o grupos de personas) y la Iglesia institucional. Son el proceso penal y los recursos contra decisiones de la autoridad eclesiástica.

a) El *proceso penal* es el camino habitual para imponer sanciones en la Iglesia. En la medida en que los comportamientos que se sancionan dañan a la comunión eclesial, en el proceso penal la acción corresponde siempre a quien representa a la Iglesia (el ordinario), que realiza la investigación previa y nombra al juez y al promotor de justicia (el «fiscal»).

Lógicamente, por la naturaleza misma de todo proceso, deben garantizarse adecuadamente los derechos del acusado: presunción de inocencia y derecho de defensa. Además, por razones fácilmente comprensibles, las leyes penales son irretroactivas, por lo que no pueden imponerse sanciones a comportamientos que no fueran considerados delictivos cuando se cometieron.

b) Los *recursos contra* la *autoridad eclesiástica* son de dos tipos: el *recurso jerárquico* (cc. 1732-1739), que permite recurrir al superior jerárquico cualquier decisión tomada por esta que se considere injusta, y el *recurso contencioso-administrativo*, por el que se recurre la decisión, no ante el superior jerárquico, sino ante la Signatura Apostólica.

2. Tutelar los bienes y enmendar al culpable: el derecho penal canónico

Quien preside en la Iglesia debe custodiar y promover el bien de la misma comunidad y de cada uno de los fieles con la caridad pastoral, el ejemplo de la vida, el consejo y la exhortación, y, si fuese necesario, también con la imposición o la declaración de las penas, conforme a los preceptos de la ley, que han de aplicarse siempre con equidad canónica, y teniendo presente el restablecimiento de la justicia, la enmienda del reo y la reparación del escándalo (c. 1311 §2).

La protección de los grandes bienes con los que Cristo ha enriquecido a su Iglesia comporta la posibilidad de sancionar a quienes los maltratan, dañando de este modo la comunión eclesial. Esta posibilidad se contempla en la Iglesia como *último remedio* y con la triple finalidad, como reza el canon, de restablecer la justicia, de lograr la enmienda del reo y la reparación del escándalo.

El carácter de último remedio significa que la autoridad eclesiástica ejerce su función habitualmente a través de consejos, exhortaciones y mandatos, sin que el incumplimiento de estos lleve aparejada una sanción penal. Estas se reservan para los comportamientos más graves que, por ello, se conocen como *delitos*.

Además, el derecho penal canónico comporta, como en el resto de los ordenamientos jurídicos respetuosos con la dignidad de la persona, tres características que, en último término, pueden reconducirse al derecho natural:

1° El principio de legalidad penal, por el que no puede sancionarse una conducta que no haya sido previamente tipificada como delito. Se trata de un principio atenuado en el derecho canónico en el que, en razón de la importancia de los bienes en juego (la salvación de las almas, en último término), el c. 1399 permite imponer una pena cuando se infringe una norma no penal si se dan requisitos especialmente graves.

2° El principio de irretroactividad por el que no puede sancionarse una conducta que no era delito cuando se cometió, aunque posteriormente se tipifique como tal.

3° La interpretación estricta de las leyes penales (c. 18), por la que la ley penal debe ser aplicada únicamente a los casos que expresamente menciona, sin extenderse a más casos de los que esta contempla, ni restringirse a menos de los señalados por el legislador.

Finalmente, una característica propia del sistema penal canónico es que, en ocasiones particularmente graves, la sanción se impone de modo automático *(latae sententiae)*, es decir, sin que medie ni un proceso judicial ni un procedimiento administrativo. El carácter espiritual de la pena y las peculiaridades de la sociedad eclesial explican la existencia de este modo de imposición de penas. Lógicamente, para la mayoría de casos existen procedimientos (judiciales o administrativos) para la verificación de la existencia del delito y la determinación de la pena que debe imponerse *(ferendae sententiae)*.

2.1. Lo que daña a la Iglesia

Se considera *delito* una violación externa y moralmente imputable de cualquier ley o precepto que lleve aparejada una sanción penal.

El Código de Derecho Canónico actualmente vigente clasifica los delitos en seis grandes categorías:

1º Delitos contra la fe y la unidad de la Iglesia: los más graves son la herejía, la apostasía o el cisma. Pero también debe sancionarse a «quien, en un espectáculo o reunión públicos, en un escrito divulgado o de cualquier otro modo por los medios de comunicación social, profiere una blasfemia, atenta gravemente contra las buenas costumbres, injuria a la religión o a la Iglesia o suscita odio o desprecio contra ellas» (c. 1368).

2º Delitos contra las autoridades eclesiásticas y el ejercicio de los cargos, siendo el más grave la violencia física contra el Romano Pontífice, pero incluyendo también los sobornos u otros actos dirigidos a condicionar o impedir el ejercicio de la función de gobierno encomendada a los pastores.

3º Delitos contra los sacramentos, como la profanación de las especies eucarísticas, la violación del sigilo sacramental por parte del confesor o la grabación y posterior divulgación de una confesión (real o simulada) por parte de cualquiera.

4º Delitos contra la buena fama y del delito de falsedad, siendo el más grave el de acusar falsamente a un confesor en el ejercicio de ese ministerio, puesto que no puede defenderse.

5º Delitos contra obligaciones especiales, como puede ser el ejercicio del ministerio por parte de los sacerdotes o la observancia del celibato en el caso de los mismos.

6º Delitos contra la vida, la dignidad y la libertad del hombre, como puede ser el aborto o todo lo relacionado con los abusos de menores.

2.2. Las sanciones

La *sanción* es una privación de un bien (espiritual o temporal) impuesta por la autoridad competente para la enmienda del reo, la protección de la comunidad y el castigo del delito. En la Iglesia existen dos tipos de sanciones propiamente dichas y un tercer tipo que se les puede asimilar.

1º Las *penas medicinales* o *censuras*, que se orientan principalmente a la enmienda del delincuente y a su bien espiritual. Esta finalidad exige, salvo en casos gravísimos en los que la pena se impone de modo automático, que se dé una amonestación previa para que cese en la comisión del delito. Los tres tipos de penas medicinales son la *suspensión* (que afecta solo a los clérigos), el *entredicho* y la *excomunión*, por la que se excluye al reo de la comunión visible con la Iglesia, prohibiéndosele celebrar o recibir los sacramentos, participar como ministro en los actos de culto y realizar actos de gobierno.

2º Las *penas expiatorias* persiguen fundamentalmente la reparación de la injusticia y del escándalo producido. Puede imponerse de modo perpetuo o temporal. El canon 1336 las divide en mandatos, prohibiciones, privaciones y expulsión del estado clerical.

3º Los *remedios penales y penitencias*. Los primeros buscan prevenir la comisión del delito a través de la *amonestación* y la *represión*, por parte del Ordinario competente o de la persona a quien se lo encomiende. Las *penitencias* sustituyen a las penas cuando las circunstancias y la situación del reo hacen innecesaria o desproporcionada la imposición de la pena.

2.3. Una peculiaridad de la Iglesia: la remisión de algunas sanciones en el fuero interno

Por su finalidad esencialmente sobrenatural, la Iglesia admite el sacramento de la penitencia como fuero para la remisión de algunas censuras en las que se incurre *latae sententiae*. Para ello, algunos sacerdotes están especialmente facultados (el canónigo penitenciario en las catedrales, los vicarios episcopales...) para absolver de dichas censuras. Todos los sacerdotes están facultados para absolver de la excomunión *latae sententiae* que comporta el aborto (tanto cometerlo como colaborar directamente a su realización).

Además, la absolución de las censuras reservadas a la Sede Apostólica puede realizarse recurriendo a la Penitenciaría Apostólica, que es el tribunal del Romano Pontífice para el «fuero interno» o, en la actualidad, a los «misioneros de la misericordia», sacerdotes instituidos por el papa en bastantes diócesis con la facultad para absolver muchas (no todas) de dichas censuras.

3. Bienes temporales para la misión: nociones básicas de derecho patrimonial canónico

El derecho de la Iglesia a poseer se considera originario, es decir, fruto de su realidad social querida por Cristo y no por mera concesión del poder político. Sin embargo, se trata de un derecho *finalizado* a la propia misión. Por ello, desde tiempos antiguos se ha explicado la capacidad patrimonial de la Iglesia por (I) la necesidad de sustento de los ministros, (II) la necesidad de sostener el culto divino y (III) la necesidad de hacer apostolado y obras de caridad, especialmente la atención de los pobres.

De esta triple finalidad, que es a la vez triple necesidad, deriva el derecho y el deber de los fieles de sostener económicamente la misión de la Iglesia, deber que han cumplido y cumplen con sus limosnas, sus donaciones o legados, etc. La Iglesia, por su parte, tiene el derecho de exigir a los fieles los bienes que necesita, derecho que ha ejercido a lo largo de la historia imponiendo tributos (ya no).

Además, en muchos países los fieles pueden contribuir al sustento de su confesión religiosa con parte de sus impuestos o pueden obtener ventajas fiscales por los donativos realizados. Estos medios responden a una visión positiva del hecho religioso por parte de los poderes públicos, como veremos en el capítulo siguiente.

La capacidad de tener patrimonio corresponde tanto a la Iglesia universal (y la Sede Apostólica) como a todas las personas jurídicas públicas, como a las asociaciones privadas. Todos los sujetos con capacidad patrimonial, verdaderos propietarios de sus bienes, están sujetos a la suprema autoridad del Romano Pontífice que, también en este punto, es principio y fundamento visible de la unidad en la Iglesia.

Los bienes de las personas jurídicas públicas se denominan *bienes eclesiásticos* y tienen un régimen propio para su gestión, administración y enajenación.

Para una mejor gestión económica y para un mayor control en este campo, el derecho canónico prevé determinadas instancias de control o supervisión. En el caso de la gestión del patrimonio de la Sede Apostólica, los últimos papas han realizado notables esfuerzos para su optimización y transparencia. Algo análogo sucede en otros niveles de la organización eclesial.

Finalmente, resulta importante subrayar la incidencia del derecho secular (en España, por ejemplo, no solo el derecho estatal, sino también el autonómico y el de la Unión Europea) para muchas cuestiones que afectan al patrimonio eclesiástico y su gestión.

Resumen

- El proceso canónico cumple la función de determinar lo justo en casos controvertidos. Su estructura, los que participan y los medios que se utilizan, sirven todos para permitir al juez alcanzar la certeza moral sobre lo juzgado y para garantizar el derecho de defensa.

- Los procesos de nulidad matrimonial *declaran* lo sucedido. Por su importancia para la vida de tantas personas, la reciente reforma del papa Francisco ha buscado armonizar la garantía de que se llega a la verdad de lo sucedido con una mayor celeridad en el desarrollo y conclusión del proceso.

- Los procesos penales, por los que se verifica la comisión de un delito y se impone una pena determinada, buscan garantizar tanto la presunción de inocencia y el derecho de defensa como el eficaz castigo del culpable.

- La triple finalidad del derecho penal, que es siempre en la Iglesia último remedio, es la reparación de la injusticia, lograr la enmienda del reo y reparar el escándalo.

- El derecho canónico prevé la absolución de algunas censuras en el *fuero interno*, con ocasión del sacramento de la confesión, realizado ante un sacerdote con las debidas facultades.

- La triple finalidad del patrimonio eclesiástico es el sustentamiento del clero, el sustentamiento del culto y la realización de obras de apostolado y de caridad.

- En la gestión de los bienes temporales, la autoridad eclesiástica tiene el deber de vigilancia y de arbitrar los medios para que no se produzcan comportamientos impropios. La legislación canónica contempla algunos de estos medios y, en la actualidad, se están incorporando protocolos de buenas prácticas análogos a los adoptados en la sociedad civil.

PARTE III
Como sal y como luz

La misión de la Iglesia no se circunscribe a la atención pastoral de sus fieles, pues ha recibido de Jesús la tarea de predicar el Evangelio a todos. Además, su carácter social no proviene de un reconocimiento del poder político, sino de la voluntad del mismo Jesús. Por todo ello, las relaciones de la Iglesia con la comunidad política han sido siempre necesarias.

Capítulo 9

Dos instituciones al servicio de la persona

L a Iglesia y el poder político (el Estado) tienen en común el bien de la persona. La relación entre ambas instituciones ha sido, pues, una constante a lo largo de los siglos. Como no puede ser de otra manera, el estudio de las relaciones se enfoca de modo diverso según el punto de partida: la Iglesia (de ello se ocupa la disciplina «Iglesia y comunidad política» o «derecho público eclesiástico») o el Estado (de lo que se ocupa el «Derecho eclesiástico del Estado»). Sin embargo, esta necesidad es una originalidad del cristianismo y, por ello, requiere una breve explicación histórica.

1. El dualismo cristiano: necesidad y vaivenes de una relación

En efecto, la aparición del cristianismo como una organización religiosa independiente del poder político constituyó, en su momento, una tremenda novedad. En las sociedades antiguas, lo habitual era que la autoridad política y la autoridad religiosa coincidieran al menos en el vértice. Así, en muchas sociedades se consideraba a los reyes seres divinos, a los que se debía adoración y sumisión. En el caso del Imperio Romano, en tiempos de Jesús, los emperadores ostentaban el título de «Pontífice Máximo».

La novedad cristiana no es, pues, solo la aparición de la Iglesia, con unos cargos que detentan la autoridad espiritual, sino la conservación al mismo tiempo de la autoridad política como distinta e independiente. La existencia de esta doble autoridad aparece condensada de un modo gráfico en el conocido episodio de Jesús pocos días antes de morir:

> *Entonces se retiraron los fariseos y llegaron a un acuerdo para comprometer a Jesús con una pregunta. Le enviaron algunos discípulos suyos, con unos herodianos, y le dijeron: «Maestro, sabemos que eres sincero y que enseñas el camino de Dios conforme a la verdad, sin que te importe nadie, porque no te fijas en apariencias. Dinos, pues, qué opinas: ¿es lícito pagar impuesto al César o no?». Comprendiendo su mala voluntad, les dijo Jesús: «Hipócritas, ¿por qué me tentáis? Enseñadme la moneda del impuesto». Le presentaron un denario. Él les preguntó: «¿De quién son esta imagen y esta inscripción?». Le respondieron: «Del César». Entonces les replicó: «Pues dad al César lo que es del César y a Dios lo que es de Dios». Al oírlo se maravillaron y dejándolo se fueron (Mt 22, 15-22).*

De este texto se puede concluir que el cristianismo introduce en la historia un modelo dualista que supone la existencia de:

1º Dos sociedades diversas –la civil y la eclesiástica–, con fines y medios independientes la una de la otra.

2º Dos centros de poder también diversos, cada uno con sus normas de elección y con sus teorías propias de legitimación de la propia autoridad.

Como ambas sociedades y ambos poderes afectan a la vida del ser humano que, habitualmente, pertenece a ambas sociedades y está sometido a los dos poderes, resulta necesario establecer una relación entre ambos. En efecto, muchas cuestiones interesan a ambos: la educación o las cuestiones familiares, como el matrimonio, por ejemplo.

Se plantea, así, el modo de resolver las posibles diferencias. La solución lógica es dar la preeminencia a una o a otra autoridad según la naturaleza del tema que se trate. Sin embargo, muy pronto surgió la tentación de transformar el dualismo en un monismo dual; es decir, mantener la existencia de dos autoridades, pero logrando que una de ellas dependa casi por completo de la otra.

Cuando el poder político logra controlar casi todas las manifestaciones de la vida de la Iglesia e incluso encuentra un razonamiento convincente para sostenerlo, se habla de cesaropapismo. Modelos de relación de este tipo se encuentran en Bizancio, pero también, de algún modo, en la España de los Borbones del siglo XVIII.

Cuando el poder eclesiástico logra someter casi por completo al poder político, considerándolo un instrumento a su servicio y haciendo depender su existencia de la voluntad de los sacerdotes, entonces se habla de teocracia. Modelos de relación teocrática se encuentran en la Europa medieval, sobre todo en los siglos XII y XIII, pero también en la Hispania visigoda.

Como se ve, las distintas soluciones provienen de un planteamiento de origen de tipo *institucional:* el acento se pone en la determinación de las competencias del poder civil y del poder eclesiástico. En este planteamiento cobra particular importancia la individuación de las llamadas «materias mixtas», es decir, de las que son, en principio, competencias de ambos poderes (educación, familia...). La persona aparece fundamentalmente como «súbdito» de dos poderes que se reparten la función de ayudarla. Ha sido el esquema habitual hasta mediados del siglo XX.

Con la celebración del Concilio Vaticano II y la nueva configuración de muchos estados tras la II Guerra Mundial como «estados de derecho», se evolucionará hacia un planteamiento de tipo *personal*, en el que el acento se pone en la esfera de libertad personal, que incluye la de educar a los hijos y que el poder político debe respetar. Este respeto exige favorecer que quienes lo deseen puedan recibir de la Iglesia la ayuda oportuna. En este esquema, los derechos reconocidos a la Iglesia provienen de su capacidad de ser elegida como ayuda por los ciudadanos.

2. Las relaciones con el poder político a la luz del Concilio Vaticano II

El Concilio Vaticano II (1962-1965) marcó un profundo cambio en la vida de la Iglesia. Convocado por el papa san Juan XXIII con la finalidad de hacer más efectiva la labor de la Iglesia en un mundo culturalmente cada vez más lejano, sus documentos supusieron una auténtica «puesta al día» en el modo de explicar la doctrina, de celebrar los sacramentos y de relacionarse con el mundo, siempre en fidelidad al evangelio. Entre los aspectos más novedosos de la doctrina del último concilio pueden destacarse, también por su relevancia para nuestro tema, los siguientes:

1º Como consecuencia de la prioridad otorgada al bautismo en la reflexión sobre la Iglesia (llamada universal a la santidad y al apostolado), se produce una consideración positiva de la contribución de los laicos a la misión de la Iglesia y se les reconoce su justa autonomía en el campo de las realidades terrenas, sin depender para ello de las directrices concretas de la jerarquía, excepto en lo referido a la fe y a la moral. De este modo, se subraya el legítimo pluralismo de los católicos en la política, la economía, etc.

2º Por lo que respecta a la jerarquía eclesiástica, el Concilio subrayó el papel de los obispos, propiciando una cierta descentralización y favoreciendo la creación de conferencias episcopales, que tendrán una importancia creciente en las relaciones con el poder político de cada país.

3° Por lo que respecta a la persona singular, se afirma la libertad religiosa (en la Declaración *Dignitatis Humanae*). Esta libertad se entiende como el deber de cada persona de buscar la verdad, también (sobre todo) en materia religiosa, y el correspondiente deber de la sociedad y de los poderes públicos de respetar tanto esa búsqueda como la libre profesión de la religión encontrada, tanto individual, como asociadamente. De este modo, el Concilio tomó como punto de partida el carácter libre del acto de fe, como exigencia, a la vez, sobrenatural y antropológica; y rechazó, como siempre, cualquier tipo de indiferentismo en materia religiosa.

4° En cuanto a las relaciones con otras confesiones cristianas y con las otras religiones, la doctrina conciliar adopta un enfoque positivo, que condujo a potenciar el diálogo ecuménico e interreligioso.

Propio de la doctrina conciliar y de la de los pontífices posteriores al respecto ha sido la de promover lo que hoy se llama una «laicidad positiva», por la que los poderes públicos están llamados a valorar positivamente el hecho religioso, favorecer su expresión y garantizar el efectivo reconocimiento de este derecho, así como de otros relacionados (de conciencia, de elección en ámbito educativo, etc.).

La visión que la Iglesia tiene en la actualidad de las relaciones con los Estados puede, pues, resumirse en tres grandes principios:

1. Principio de independencia jurídica, que garantiza el derecho originario de la Iglesia a su organización y al desempeño de su misión (que nunca es una *concesión* del Estado).

> **2. Principio de incompetencia recíproca**, por el que se reconoce y tutela la diversidad de esferas en las que se mueven Iglesia y Estado.
>
> **3. Principio de colaboración**, puesto que el destinatario es siempre la persona, a cuyo bien concurren ambas instituciones.

3. Las relaciones con la Iglesia en los «Estados de derecho»

Característica esencial de los «Estados de derecho» es asumir que la fuente última de muchos derechos no se encuentra en el poder político, sino que lo preceden. Ante ellos, su tarea es la de reconocerlos, protegerlos y, si fuera el caso, organizarlos del mejor modo posible. Entre estos derechos previos al mismo Estado, se encuentra el de profesar una religión, individual y colectivamente, así como poder transmitirla a los hijos y expresarla públicamente. La afirmación de unos derechos previos a un ordenamiento jurídico positivo, al que corresponde garantizarlos, puede considerarse un principio fundante del constitucionalismo contemporáneo y la clave de bóveda de los Estados de derecho.

> A la luz de este postulado, el Estado también se inspira en una serie de principios en su modo de regular su relación con la Iglesia:
>
> **1. Principio de libertad religiosa**, entendido como ausencia de coacción y como permisión de la profesión y culto de cualquier religión sin más límites que el justo orden público.
>
> **2. Principio de neutralidad**, por el que el Estado no se posiciona ante las diversas creencias profesadas por los ciu-

dadanos. Cuestión relacionada es si el Estado valora la profesión de una religión como un bien (laicidad positiva) o como algo negativo y potencialmente enemigo de la convivencia democrática (laicismo agresivo).

3. Principio de igualdad, por el que el trato con las distintas confesiones religiosas debe guiarse por los mismos principios. Cuestión diversa es si puede parecer razonable atender al mayor arraigo de unas confesiones para la regulación de cuestiones concretas. Por ejemplo, la asistencia religiosa de una confesión mayoritaria puede ser oportuno que sea garantizada específicamente por los poderes públicos en los centros que dependen de ellos y no, por el contrario, de confesiones minoritarias. En ningún caso esto significaría que el Estado pudiese prohibir la atención religiosa ofrecida por dichas confesiones minoritarias en los centros públicos.

4. Principio de cooperación, por el que se busca positivamente aunar esfuerzos en las cuestiones de interés común.

Inspirándose en estos principios, cada Estado de derecho está llamado a producir su propia legislación en materia religiosa. Además, el reconocimiento del carácter previo del hecho religioso y de la independencia de la Iglesia conlleva que esta legislación necesite de cauces diversos.

4. La articulación jurídica de las relaciones entre la Iglesia y el Estado

Al servicio de la correcta articulación de las relaciones entre la Iglesia y el Estado está el reconocimiento de la personalidad jurídica internacional de la Santa Sede. De este modo, se reconoce a la Iglesia católica la capacidad de firmar pactos bilaterales, con todas las características de un tratado internacional, muchos de los cuales reciben el nombre de concordatos. En ellos, el poder civil y el eclesiástico se reconocen como representantes de entidades soberanas e independientes y proceden a vincularse a través de un pacto de naturaleza jurídica que obliga a ambos. En estos casos, la Iglesia católica está generalmente representada por el embajador (nuncio) de la Santa Sede ante el país determinado. Cada vez con más frecuencia, los obispos del país están presentes tanto en la negociación del contenido como en el de las eventuales negociaciones. Pero la firma corresponde siempre a la Sede Apostólica en tanto sujeto de derecho internacional.

Además, como ya se ha señalado, el Estado puede legislar en materia religiosa para regular una parte de la vida de sus ciudadanos de modo similar a como regula otras dimensiones (la sindical o la deportiva, por ejemplo). En este planteamiento, el poder político puede ignorar a los líderes de la confesión religiosa y reconocerle una simple potestad asociativa inferior a la suya (en este caso, la Iglesia tradicionalmente se ha opuesto, al no quedar reconocida su real independencia del poder político), o negociar previamente el contenido, aunque la aprobación final y su valor legal sea solo fruto de la potestad civil.

Finalmente, el Estado, negociando con las distintas confesiones religiosas, debe regular cuestiones comunes, como son la enseñanza, la atención religiosa en espacios determinados (cuarteles, hospitales y centros penitenciarios), los modos en los que los fieles pueden cooperar en la financiación de su propia confesión, la subvención de aquellas actividades promovidas por las confesiones con indiscutible valor social, etc. Importancia del todo singular tiene el reconocimiento eficaz del derecho a la objeción de conciencia tanto para las personas individuales como para los centros promovidos por cualquier confesión religiosa.

Resumen

- Las enseñanzas de Jesús introdujeron en la historia la existencia de dos esferas soberanas e independientes entre sí llamadas a relacionarse: la sociedad política y la Iglesia. Por ello, se ha hablado del «dualismo cristiano».

- El modo en el que la Iglesia entiende sus relaciones con la comunidad política en la actualidad está en estrecha relación con la doctrina del Concilio Vaticano II sobre la responsabilidad y autonomía de los laicos y el derecho a la libertad religiosa, principalmente.

- El modo en el que los Estados de derecho entienden la relación con la Iglesia se enmarca en su convicción de que el derecho a la libertad religiosa es un derecho que les precede, y en el principio de neutralidad ante las distintas posibles opciones de los ciudadanos en este campo.

- La articulación jurídica de las relaciones entre la Iglesia y los estados se funda en el reconocimiento de la personalidad jurídica internacional de la Santa Sede y en su consiguiente capacidad para firmar pactos bilaterales, como los concordatos.

Glosario

Se presentan, a continuación, breves definiciones de algunos términos técnicos que han aparecido a lo largo del libro, con la intención de facilitar su correcta comprensión. La redacción de la explicación de los términos acompañados por un asterisco están tomados del libro *Una barca para el cielo*, de esta misma colección. Agradezco a su autor, Antonio Fernández Velasco, su autorización para utilizarlos también aquí.

Acto ilícito: es cualquier acto que contraviene lo dispuesto por la ley, pero que no afecta a su validez jurídica. Así, la celebración de un sacramento sin observar las normas litúrgicas, pero respetando su estructura esencial, es una celebración válida pero ilícita.

Acto nulo: cualquier acto que, contraviniendo lo dispuesto por la ley, carece de eficacia jurídica, bien porque así lo determina la ley misma, bien por la naturaleza de las cosas. Siguiendo el ejemplo anterior, la celebración de la eucaristía con otra materia que no fuera pan y vino sería nula.

Canon: nombre que se da a cada una de las disposiciones contenidas en el Código de Derecho Canónico y que siguen una numeración continua. El actual Código de la Iglesia latina está formado por 1.752 cánones.

Carisma / dones carismáticos*: Carisma es la transcripción del término griego *chárisma*, que significa don generoso. Con este término los primeros cristianos designaban los dones divinos, distintos de aquellos que son esenciales para la salvación –como la fe y los sacramentos–, concedidos por Dios a algunos para la edificación de la comunidad. Revisten una gran variedad, pero gozan de un orden dado por la caridad.

Con dones carismáticos se quiere aludir a aquellos dones del Espíritu Santo, distintos de los dones jerárquicos (el ministerio apostólico y la estructura jerárquica de la Iglesia), que Él concede a determinados fieles para la edificación de la Iglesia. Son parte esencial en la vida de la Iglesia y no le pueden faltar. Por eso se dice que son, junto con los dones jerárquicos, co-esenciales en la Iglesia. Entre ellos encontramos los muy diversos caminos de vida religiosa y de vida cristiana meramente laical surgidos a lo largo de los siglos.

Delito: es una violación externa y moralmente imputable de una ley que lleva aneja una sanción canónica. La voluntariedad del acto y su consideración previa como punible constituyen los dos elementos principales del delito en el derecho canónico.

Fuero externo: es el ámbito de publicidad en el que, de suyo, se ejerce la potestad de régimen de la Iglesia. Es decir, el ámbito de lo constatable mediante medios de prueba legítimos. La importancia de este concepto guarda estrecha relación con el de fuero interno, que es un fuero específico de la Iglesia.

Fuero interno: se refiere primariamente a la posibilidad de remitir las penas no impuestas públicamente en un ámbito de confidencialidad, como es el sacramento de la penitencia o el Tribunal de la Penitenciaría Apostólica. Además, se refiere al carácter inviolable que tiene la conciencia y que lleva a desligar los actos de gobierno del conocimiento de las disposiciones interiores. Queda así establecida la prohibición de utilizar lo sabido en el ámbito de la conciencia para tomar decisiones de gobierno.

Jurisdicción*: con este término se quiere significar un elemento de la potestad sagrada que se refiere al ámbito y extensión de su ejercicio en determinados casos. Se habla de jurisdicción respecto de la potestad de régimen, es decir, de aquella ejercida para el gobierno de la Iglesia. Va asociada a determinados oficios eclesiásticos como, por ejemplo, al obispo en su diócesis. Tener o no jurisdicción en una materia o en un lugar determina la capacidad para el ejercicio de dicha potestad. Así por ejemplo, un obispo tiene jurisdicción en su diócesis para erigir una parroquia nueva, pero no para hacerlo en un lugar que no pertenece a su territorio.

Ley: es una norma de carácter general emanada por quien tiene potestad legislativa y que obliga a quienes la reciben. En el derecho canónico, la costumbre tiene fuerza de ley cuando es aprobada por el legislador.

Pena: es un tipo de sanción que establece la norma canónica para las violaciones configuradas como delitos. Su finalidad es medicinal, expiatoria y restaurativa.

Potestad*: es el poder dado por Cristo a su Iglesia en el ministerio apostólico para la realización de su misión. Es sobre todo un poder espiritual referido a las cosas sagradas y, por ello, se denomina potestad sagrada. Se expresa bien su contenido a través del triple oficio de enseñar la fe, santificar con los sacramentos y regir al pueblo de Dios. La potestad sagrada está vinculada a la recepción del sacramento del orden, aunque puede transmitirse vicaria o delegadamente a los laicos en los casos previstos por el derecho.

Bibliografía para seguir profundizando

Fundamentos

Para profundizar en la naturaleza del derecho canónico, puede leerse:

— C. J. Errázuriz, *¿Qué es el derecho en la Iglesia?* Eunsa, Pamplona 2011.

Síntesis

Se señalan tres obras que abarcan todo el derecho canónico de una manera más detallada que este volumen. El primero de ellos, de extensión similar, y los dos siguientes son unas introducciones completas y francamente logradas a toda la ciencia canónica:

— D. Le Tourneau, *El derecho de la Iglesia. Iniciación al derecho canónico,* Rialp, Madrid 1997.

— M. A. Torres-Dulce, *Cánones y leyes de la Iglesia. Nociones de derecho canónico,* Palabra, Madrid 2017.

— D. Cenalmor-J. Miras, *El derecho de la Iglesia. Curso básico de derecho canónico* (Eunsa, Pamplona 2022).

Cuestiones fundamentales

Se señalan algunos volúmenes que afrontan de manera sólida y comprensible cuestiones jurídicas que afectan a la vida de los fieles o que se encuentran en el debate social:

— M. Álvarez de las Asturias, *La nulidad matrimonial. Mitos y realidades,* Digital reasons, Madrid 2020.

— S. Meseguer Velasco, *Financiación de la religión en Europa,* Digital reasons, Madrid 2020.

— R. Palomino, *La religión en el espacio público,* Digital reasons, Madrid 2020.

— A. Ivereigh-Y. de la Cierva-J. Valero, *Cómo defender la fe sin levantar la voz. Más respuestas a las preguntas desafiantes de hoy,* Palabra, Madrid 2020. Capítulo 8 (dedicado a los abusos sexuales en la Iglesia).

— A. Aguiló, *Educar en una sociedad plural,* Palabra, Madrid 2021.

— R. Navarro-Valls-J. Martínez-Torrón-M. J. Valero, *Eutanasia y objeción de conciencia,* Palabra, Madrid 2022.

Otros títulos de la colección

UN CAMINO POR DESCUBRIR
Introducción a la Teología
Fulgencio Espa

LA GRAMÁTICA DE DIOS
Introducción a la Sagrada Escritura
Sonia Ortega

CRÓNICA DE UNA ALIANZA
Antiguo Testamento
Antonio de la Torre

LA PROMESA CUMPLIDA
Nuevo Testamento
Tomás Olabarri

SEÑALES DE DIOS
Teología Fundamental
Antonio Fernández

EL OBRAR DE DIOS
Liturgia e introducción a los sacramentos
Marcos Torres

SEMEJANTES A DIOS
Teología espiritual
Marcos Torres

AGUAS PROFUNDAS
Los 7 sacramentos
Miguel Forcada

LA PEREGRINACIÓN DE LA GRACIA
Moral Fundamental
José Manuel Horcajo

UNA VIDA LOGRADA
Moral de la Persona
José Luis Méndez y Juan Barbeito

COMO EL ALMA DEL MUNDO
Moral Social y Doctrina Social de la Iglesia
Gregorio Guitián

UNA ANCIANA MUY JOVEN
Historia de la Iglesia
Gonzalo Barbed

DE MADRE A DISCÍPULA
Introducción a la Mariología
Fernando del Moral Acha

CREADOS A SU IMAGEN
Antropología Teológica I
Isabel Saiz Ros

UN PASEO POR OTRO MUNDO
Escatología
Miguel Forcada

UNA BARCA PARA EL CIELO
Eclesiología
Antonio Fernández Velasco

Mantente actualizado/a